プリント形式のリアル過去問で本番の臨場感！

宮崎県

宮崎学園高等学校

2025年春受験用

解答集

本書は，実物をなるべくそのままに，プリント形式で年度ごとに収録しています。
問題用紙を教科別に分けて使うことができるので，本番さながらの演習ができます。

■ 収録内容

・解答集（この冊子です）

書籍ＩＤ番号，この問題集の使い方，最新年度実物データ，リアル過去問の活用，
解答例と解説，ご使用にあたってのお願い・ご注意，お問い合わせ

・2023（令和５）年度 ～ 2021（令和３）年度　学力検査問題

JN132553

○は収録あり 年度	'24	'23	'22	'21		
■ 問題収録		○	○	○		
■ 解答用紙		○	○	○		
■ 配点						

解答はありますが
解説はありません

2024年度の問題は収録していません
注）問題文等非掲載：2023年度国語の一と理科の8，2022年度社会の4，
2021年度国語の一と二

問題文などの非掲載につきまして

著作権上の都合により，本書に収録している過去入試問題の本文や図表の一部を掲載しておりません。ご不便をおかけし，誠に申し訳ございません。

本文の一部を掲載できなかったことによる国語の演習不足を補うため，論説文および小説文の演習問題のダウンロード付録があります。弊社ウェブサイトから書籍ＩＤ番号を入力してご利用ください。

なお，問題の量，形式，難易度などの傾向が，実際の入試問題と一致しない場合があります。

教英出版

■　書籍ＩＤ番号

入試に役立つダウンロード付録や学校情報などを随時更新して掲載しています。
教英出版ウェブサイトの「ご購入者様のページ」画面で，書籍ＩＤ番号を入力してご利用ください。

書籍ＩＤ番号　103545

（有効期限：2025年9月30日まで）

【入試に役立つダウンロード付録】
「ラストチェックテスト（標準／ハイレベル）」
「高校合格への道」

■　この問題集の使い方

年度ごとにプリント形式で収録しています。針を外して教科ごとに分けて使用します。①片側，②中央のどちらかでとじてありますので，下図を参考に，問題用紙と解答用紙に分けて準備をしましょう（解答用紙がない場合もあります）。

針を外すときは，けがをしないように十分注意してください。また，針を外すと紛失しやすくなりますので気をつけましょう。

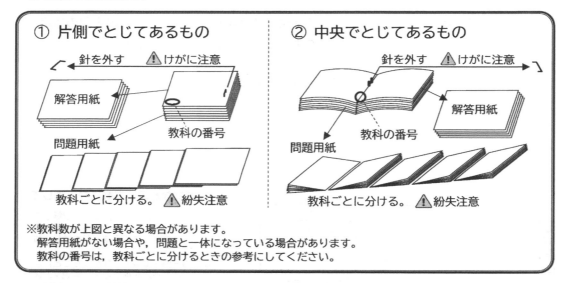

① 片側でとじてあるもの

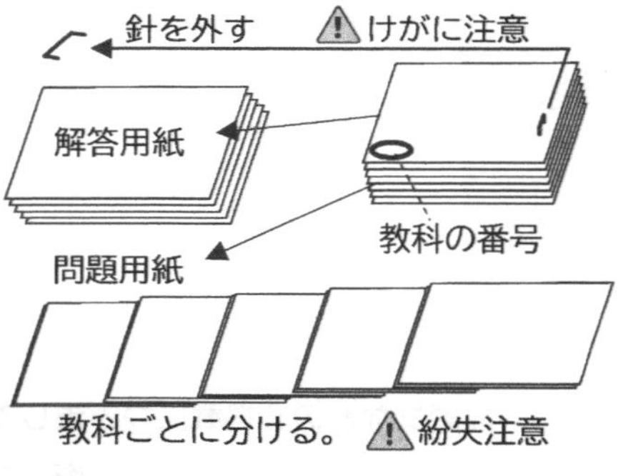

② 中央でとじてあるもの

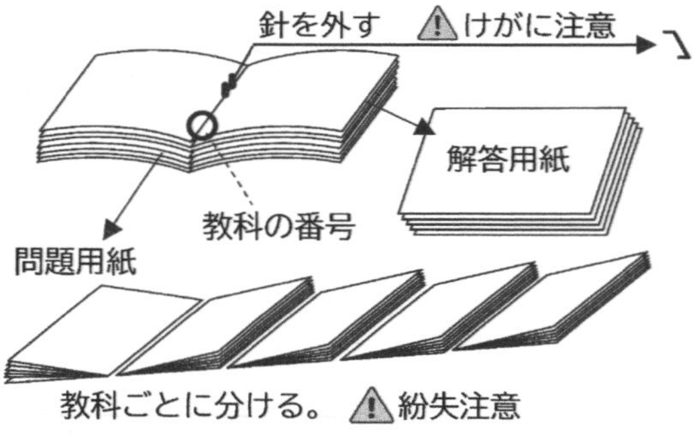

※教科数が上図と異なる場合があります。
解答用紙がない場合や，問題と一体になっている場合があります。
教科の番号は，教科ごとに分けるときの参考にしてください。

■　最新年度 実物データ

実物をなるべくそのままに編集していますが，収録の都合上，実際の試験問題とは異なる場合があります。実物のサイズ，様式は右表で確認してください。

問題用紙	Ａ４冊子（二つ折り）
解答用紙	Ａ４片面プリント

リアル過去問の活用

～リアル過去問なら入試本番で力を発揮することができる～

本番を体験しよう！

問題用紙の形式（縦向き／横向き），問題の配置や余白など，実物に近い紙面構成なので本番の臨場感が味わえます。まずはパラパラとめくって眺めてみてください。「これが志望校の入試問題なんだ！」と思えば入試に向けて気持ちが高まることでしょう。

入試を知ろう！

同じ教科の過去数年分の問題紙面を並べて，見比べてみましょう。

①　問題の量

毎年同じ大問数か，年によって違うのか，また全体の問題量はどのくらいか知っておきましょう。どのくらいのスピードで解けば時間内に終わるのか，大問ひとつにかけられる時間を計算してみましょう。

②　出題分野

よく出題されている分野とそうでない分野を見つけましょう。同じような問題が過去にも出題されていることに気がつくはずです。

③　出題順序

得意な分野が毎年同じ大問番号で出題されていると分かれば，本番で取りこぼさないように先回りして解答することができるでしょう。

④　解答方法

記述式か選択式か（マークシートか），見ておきましょう。記述式なら，単位まで書く必要があるかどうか，文字数はどのくらいかなど，細かいところまでチェックしておきましょう。計算過程を書く必要があるかどうかも重要です。

⑤　問題の難易度

必ず正解したい基本問題，条件や指示の読み間違いといったケアレスミスに気をつけたい問題，後回しにしたほうがいい問題などをチェックしておきましょう。

問題を解こう！

志望校の入試傾向をつかんだら，問題を何度も解いていきましょう。ほかにも問題文の独特な言いまわしや，その学校独自の答え方を発見できることもあるでしょう。オリンピックや環境問題など，話題になった出来事を毎年出題する学校だと分かれば，日頃のニュースの見かたも変わってきます。

こうして志望校の入試傾向を知り対策を立てることこそが，過去問を解く最大の理由なのです。

実力を知ろう！

過去問を解くにあたって，得点はそれほど重要ではありません。大切なのは，志望校の過去問演習を通して，苦手な教科，苦手な分野を知ることです。苦手な教科，分野が分かったら，教科書や参考書に戻って重点的に学習する時間をつくりましょう。今の自分の実力を知れば，入試本番までの勉強の道すじが見えてきます。

試験に慣れよう！

入試では時間配分も重要です。本番で時間が足りなくなってあわてないように，リアル過去問で実戦演習をして，時間配分や出題パターンに慣れておきましょう。教科ごとに気持ちを切り替える練習もしておきましょう。

心を整えよう！

入試は誰でも緊張するものです。入試前日になったら，演習をやり尽くしたリアル過去問の表紙を眺めてみましょう。問題の内容を見る必要はもうありません。どんな形式だったかな？受験番号や氏名はどこに書くのかな？…ほんの少し見ておくだけでも，志望校の入試に向けて心の準備が整うことでしょう。

そして入試本番では，見慣れた問題紙面が緊張した心を落ち着かせてくれるはずです。

※まれに入試形式を変更する学校もありますが，条件はほかの受験生も同じです。心を整えてあせらずに問題に取りかかりましょう。

2023 解答例 令和5年度

宮崎学園高等学校

《国　語》

一 問一．a．うなが　b．いごこち　c．こどう　d．とくゆう　問二．X．ウ　Y．イ　問三．ア
問四．(1)直喩　(2)シューコの顔を思い出し、口にしづらいことをなんとか言う様子。　問五．本番に弱いのは、自分の心が弱いからだと思っていたが、強さが災いすることもあるということ。　問六．オ　問七．問題が起きたときにもねばりを持って対応できる

二 問一．a．影響　b．検証　c．捉　d．偉大　問二．A．エ　B．ウ　C．ア　D．イ　問三．ウ
問四．考えることをやめた人類が、ＡＩに頼り続け、「主体の逆転」が起こってしまい、ＡＩに従属してしまう可能性があるから。　問五．ウ　問六．エ　問七．Ⅰ．生まれながらにして存在　Ⅱ．「生みの親」より賢くなっていく　Ⅲ．危険性　問八．主体的　問九．イ

三 問一．a．もちいられて　b．おわしける　問二．ウ　問三．エ　問四．ア　問五．ウ　問六．(1)イ
(2)暴れ馬にかまれ、踏まれて、大けがをするにちがいない　問七．乗った時は、暴れ馬が従順になった
問八．ア

《数　学》

1 (1)2　(2)-36　(3)$6\sqrt{2}$　(4)$(a-6)(a+1)$　(5)$y(x+1)(x-1)$
(6)46°　(7)$\frac{7\pm\sqrt{17}}{4}$　(8)$x=5$　$y=8$　(9)$-\frac{1}{3}x$　(10)右図

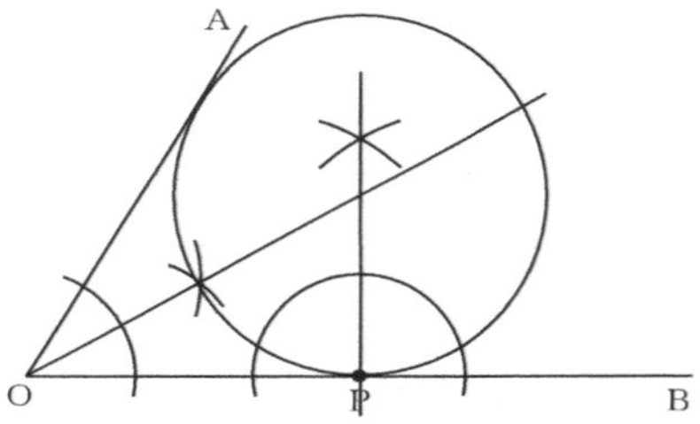

2 ［1］(1)$\frac{5}{36}$　(2)$\frac{1}{9}$　(3)H　［2］(1)9.5　(2)10　(3)11，12

3 (1)2000　(2)1500　(3)1200　(4)13

4 ［1］(1)エ　(2)カ　(3)ア　(4)サ　［2］252

5 (1)27　(2)144π
(3)ア．円錐　イ．相似　ウ．1：2　エ．2　オ．82π

6 (1)A(1，−1)　B(2，−4)　(2)$-3x+2$　(3)-2　(4)$45+b$

《英　語》

1 (1)ア　(2)ウ　(3)イ　(4)ウ　(5)エ

2 (1)ウ　(2)ウ　(3)エ　(4)エ　(5)ウ

3 (1)ウ　(2)ウ　(3)イ　(4)イ　(5)イ

4 (1)his　(2)seeing　(3)earliest　(4)children　(5)has

5 (1)There／are　(2)too／to　(3)full／of　(4)can／use　(5)his／birthday

6 (1)ア　(2)イ　(3)ウ

7 ［3番目／5番目］(1)［ア／キ］　(2)［ウ／カ］　(3)［オ／エ］

8 I want to travel around the world in the future.　I can learn different cultures and languages.　I have to save money to travel around the world.

9 問１．a．カ　b．ウ　c．ア　d．オ　e．イ　問２．ア．土地と水　イ．森林を伐採している　問３．人だけでなくすべての動物が地球上で調和して生きていくべきです。　問４．⑴(Because) she is interested in dieting.　⑵(Because) Mei didn't eat any meat or fish.　問５．⑴×　⑵○　⑶○

10 問１．【２】エ　【３】ウ　【５】ア　問２．ウ　問３．It was very difficult for them to compete　問４．エ
問５．ア．生活　イ．子ども　ウ．学校に通う　エ．化学薬品　オ．健康　カ．環境　問６．ウ
問７．⑴○　⑵○　⑶×　⑷×　⑸×

《理　科》

1 ⑴11　⑵0.4　⑶0.08　⑷ウ　⑸0.3

2 ⑴酸　⑵ウ　⑶①Mg　②Zn　⑷赤　⑸名称…塩化水素　化学式…HCl
⑹水…386　塩化ナトリウム…14　⑺A．水酸化ナトリウム水溶液　B．うすい塩酸
C．塩化ナトリウム水溶液　D．硫酸亜鉛水溶液　E．エタノール水溶液　⑻ア，イ

3 ⑴ＡＡ　⑵２　⑶イ

4 ⑴59.2　⑵温度を低くする。　⑶58.9

5 ⑴ウ　⑵エ　⑶虚像　⑷エ

6 ⑴ア，ウ　⑵①ウ　②ア　③イ　④ウ　⑶イ　⑷①消化　②消化酵素　③アミラーゼ

7 ⑴①30　②公転　③年周　④衛星　⑤12　⑵①エ　②イ　③星座Ｂ　④ア　⑤イ

8 ⑴150　⑵ウ　⑶⑷※学校当局により問題削除

《社　会》

1 問１．国土地理院　問２．北北東　問３．ア　問４．イ　問５．イ，オ　問６．［１］エ　［２］ウ
［３］ア　［４］ア　問７．エ　問８．ハザードマップ　問９．$\frac{4}{10}$　問10．ＧＩＳ

2 問１．ア　問２．ウ　問３．ウ　問４．エ　問５．六波羅探題　問６．エ　問７．記号…イ
訂正…李成桂　問８．ウ　問９．井原西鶴　問10．エ　問11．イ　問12．エ　問13．吉田茂

3 問１．１．植民地　２．総力　３．ロシア　４．アメリカ(合衆国)　問２．エ　問３．民間人／増加
問４．イ　問５．ウ　問６．ア

4 問１．［１］ウ　［２］公共　［３］エ　問２．［１］イ　［２］ア　［３］憲法の番人　問３．［１］エ　［２］集団的
問４．［１］ウ　［２］Ａ　問５．イ　問６．［１］イ　［２］非正規　問７．ＰＬ法〔別解〕製造物責任法
問８．エ

★宮崎学園高等学校

《国　語》

一　問一．a．にぶ　b．かんじん　c．ゆず　d．しんしん　　問二．A．ア　B．エ　　問三．家業を継ぐ
問四．ア　　問五．ウ　　問六．毎日を苦行のようにして暮らす子　　問七．失ってから気付いても遅いので、避けていないで美緒とじっくり向き合って話すべきだということ。　　問八．イ，オ

二　問一．a．成功　b．探　c．象徴　d．困難　　問二．エ　　問三．Ⅰ．エサ　Ⅱ．減ってしまえ
問四．ウ　　問五．植物は光を～うのです。　　問六．イ　　問七．人間がもたらすさまざまな環境の変化を、次々に乗り越えていく強さを持っているから。　　問八．足りない能力を補い合って、仲間と助け合うことができること。　　問九．ウ，オ

三　問一．a．きょう　b．いうかいなく　　問二．①エ　②イ　　問三．⑴撞く人もなくて十二時に鳴る　⑵ウ
問四．エ　　問五．⑴ウ　⑵イ　　問六．ア　　問七．そしりける　　問八．約束を破るようなこと

《数　学》

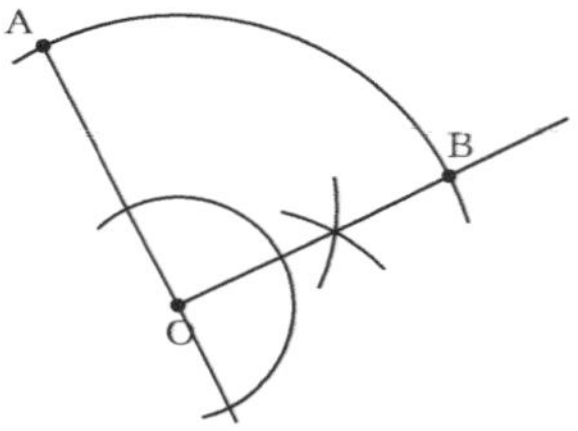

1　⑴ -5　⑵ $-9x+6$　⑶ $9\sqrt{3}$　⑷ $(a-8)(a+3)$
⑸ $(2x+y+3)(2x+y-3)$　⑹ $\dfrac{-5\pm\sqrt{13}}{2}$　⑺ $x=2$　$y=-1$
⑻ $-\dfrac{48}{x}$　⑼最頻値…2　中央値…3.5　⑽右図

2　⑴24　⑵ 60π　⑶ 72π

3　⑴ $x+5$　⑵ $4x+10$　⑶ $4x+16$〔別解〕x^2+3x-4　⑷5

4　⑴27　⑵72　⑶ $3x^2$　⑷ $y=12x$　yの変域…$48\leqq y\leqq 72$　⑸ $2\sqrt{3}$，10

5　⑴15　⑵6　⑶3　⑷4　⑸ $\dfrac{1}{3}$

6　［1］⑴ウ　⑵エ　⑶カ　⑷ス　⑸ケ　［2］$\dfrac{9}{2}$

《英　語》

1 ⑴イ　⑵エ　⑶ウ　⑷イ　⑸ア

2 ⑴エ　⑵エ　⑶ア　⑷ア　⑸ウ

3 ⑴ア　⑵ウ　⑶イ　⑷イ　⑸イ

4 ⑴her　⑵called　⑶easiest　⑷boxes　⑸rains

5 ⑴teaches／us　⑵have／lost　⑶made／me　⑷Both／and　⑸when／born

6 ⑴should　⑵Don't　⑶any

7 ［３番目／５番目］　⑴［エ／オ］　⑵［イ／エ］　⑶［オ／ア］

8 I like Phoenix Zoo.　You can see a lot of flamingos.　You can also enjoy attractions in the amusement park.

9 問１．a．オ　b．ウ　c．イ　d．エ　e．ア　問２．①watching　③excited　問３．外国人が歌舞伎に興味を持ってくれること。　問４．this is my first time to learn about Hikeshi　問５．⑴×　⑵×　⑶×　⑷○

10 問１．⑴Japan　⑵Germany　問２．イ　問３．④　問４．オ　問５．ウ　問６．ペットボトルの飲み物を買うかわりに水筒を持っていく。　問７．⑴×　⑵○　⑶×

《理　科》

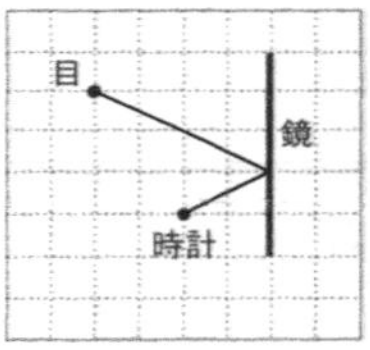

1 ⑴(光の)反射　⑵９，30　⑶右図　⑷３

2 ⑴②ア　④イ　⑵染色体　⑶ウ　⑷ウ→イ→オ→エ

3 ⑴エ，カ　⑵H_2O　⑶ア，イ，ウ　⑷CO_2　⑸有機物　⑹ＰＥ／ＰＰ
⑺密度…1.06　プラスチックの種類…イ　⑻イ　⑼浮く

4 ⑴1500　⑵2.5　⑶ウ

5 ⑴Ｙ　⑵７　⑶初期微動継続時間　⑷比例　⑸140　⑹①○　②海洋　③10　④○

6 ⑴合弁花　⑵ア　⑶ア　⑷ウ　⑸ａとｂ…ア　ｃとｄ…エ

7 ⑴侵食　⑵①ア　②エ　⑶イ　⑷ウ，オ　⑸二酸化炭素　⑹50　⑺エ

8 ⑴エ　⑵イ　⑶ア　⑷電磁誘導　⑸コイルを速くゆらす。／U字形磁石を磁力の強いものにする。／コイルの巻き数を増やす。などから１つ

《社　会》

1 問１．オ　問２．ウ　問３．バイオ(マス)　問４．イ　問５．イ　問６．［１］天然ガス
［２］シェールガス　問７．エ　問８．イ　問９．ア　問10．イ　問11．Ｆ

2 問１．日本書紀　問２．エ　問３．白村江の戦い　問４．エ　問５．イ　問６．イ　問７．ウ
問８．大塩平八郎　問９．国際連盟　問10．紫式部　問11．ア　問12．ウ　問13．イ　問14．生糸
問15．エ

3 問１．バスコ・ダ・ガマ　問２．ウ　問３．ア　問４．ア　問５．資本主義　問６．恐慌
問７．ＴＶＡ計画などの公共事業をおこした。　問８．ブロック

4 問１．［１］民主主義　［２］エ　問２．［１］ア　［２］ア　問３．イ　問４．［１］イ　［２］エ　［３］エ
問５．議院内閣　問６．比例代表制　問７．ア　問８．ウ　問９．大統領　問10．［１］エ　［２］ウ

2021 解答例 令和３年度　★宮崎学園高等学校

《国　語》

一　問一．a．てんけい　b．まじめ　c．ひろう　d．むく　　問二．A．ア　B．エ　　問三．ウ

問四．Ⅰ．打点王氏　Ⅱ．丁寧にアドバイス　　問五．腰砕け　　問六．イ　　問七．打点王氏が草壁の素振りを褒めることで、草壁に対する評価が変わることを願う気持ち。　　問八．エ　　問九．先入観

二　問一．a．**強制**　b．**豊富**　c．**乱暴**　d．**独創**　　問二．A．イ　B．ウ　C．ア　　問三．百聞は一見に如かず　　問四．事前の下調べ　　問五．たいていの　　問六．筆跡は本人そのもの　　問七．ア　　問八．イ

問九．(例文)私も筆者と同じ考えです。手書きで書かれた年賀状の、特に丁寧に書かれた文字からは、私のことを大切に思ってくれている相手の気持ちが伝わってきます。

三　問一．a．なお　b．しすえて　　問二．①ウ　②エ　③ア　　問三．(1)エ　(2)ウ

問四．御帳の帷を～へりと見て　　問五．手のひらいっぱいの白い米　　問六．イ　　問七．(1)夢を見た後

(2)欲しいと思ったものが自然に出てくること。　(3)三千日参籠した僧都に対し、毘沙門天がご利益を与えたから。

問八．オ

《数　学》

1　(1) 7　(2) $-\frac{16}{5}$　(3) -34　(4) $2a(x+8)(x-3)$　(5) -1

(6) $\frac{4\pm\sqrt{10}}{3}$　(7) $-\frac{1}{2}$　(8) $y=\frac{12}{x}$　(9)右図

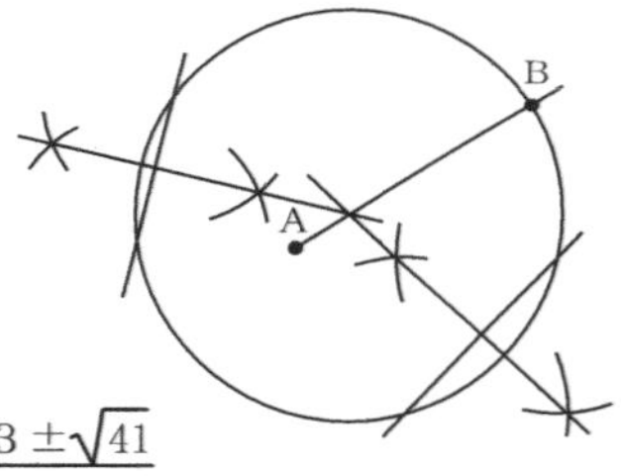

2　［１］(1) $x=3$　$y=1$　(2) $x=-1$　$y=3$　　［２］(1)13　(2) $b=11$　$c=10$

3　(1)18　(2)ア．円柱　イ．４　ウ．64π　エ．おうぎ形　オ．8π　カ．５

キ．20π　ク．60π

4　(1) $(-2,\ -4)$　(2) $y=\frac{3}{2}x-1$　(3) 6　(4) 2　(5) $\frac{\sqrt{6}}{3}$　(6) $-\frac{3}{2}$，$\frac{-3\pm\sqrt{41}}{4}$

5　(1) 2　(2) 6　(3) 2　(4) $\frac{1}{8}$

6　［１］(1)エ　(2)ウ　(3)キ　(4)コ　(5)シ　　［２］135　　［３］72

《英　語》

1　(1)イ　(2)ア　(3)エ　(4)ウ　(5)ア

2　(1)エ　(2)イ　(3)ウ　(4)ウ　(5)エ

3　(1)イ　(2)ウ　(3)ウ　(4)ア　(5)ウ

4　(1)gets　(2)sung　(3)been　(4)to do　(5)were

5　(1)taken／by　(2)for／you　(3)Why　(4)I／don't／have　(5)must／not／run

6　［３番目／５番目］　(1)［カ／ウ］　(2)［ア／カ］　(3)［エ／ク］　(4)［カ／ア］　(5)［イ／キ］

7　(1)both／and　(2)belong／to　(3)because　(4)were／then

8　(例文)I want to be an English teacher.　I enjoy studying English every day.　I want to teach students how to study English.

9 問１．イ　　問２．砂が作られる原料の種類　　問３．１．カ　２．ウ　３．イ　４．オ　５．ア　６．ク　７．キ　　問４．イ，エ

10 問１．④　　問２．①　　問３．③　　問４．②　　問５．③　　問６．①×　②○　③○　④×　⑤○

《理　科》

1 ⑴動脈　　⑵赤血球　　⑶イ

2 ⑴2.0　　⑵0.3　　⑶1.5

3 問１．①２　②水蒸気　③火成岩　　問２．ウ　　問３．ねばりけ／小さ　　問４．⑴ア，ウ　⑵エ　⑶グラフＡ…斑れい岩　グラフＢ…花こう岩

4 ⑴酸化マグネシウム　　⑵イ，ウ

⑶イ　　⑷①0.10　②1.00　③0.60

⑸右グラフ　　⑹銅：酸素＝４：１

マグネシウム：酸素＝３：２

⑺一定　　⑻⑦カ　⑧イ

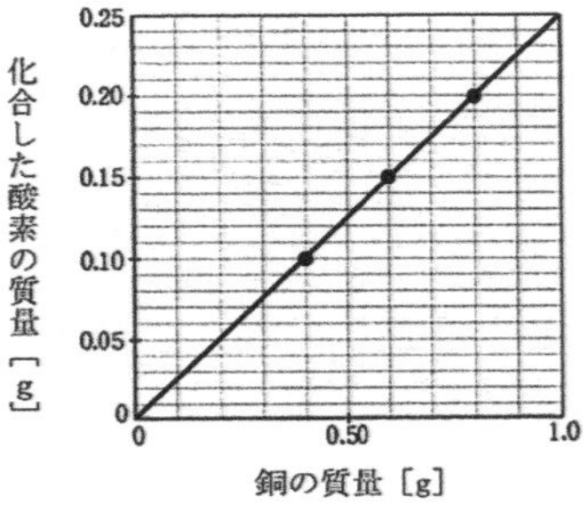

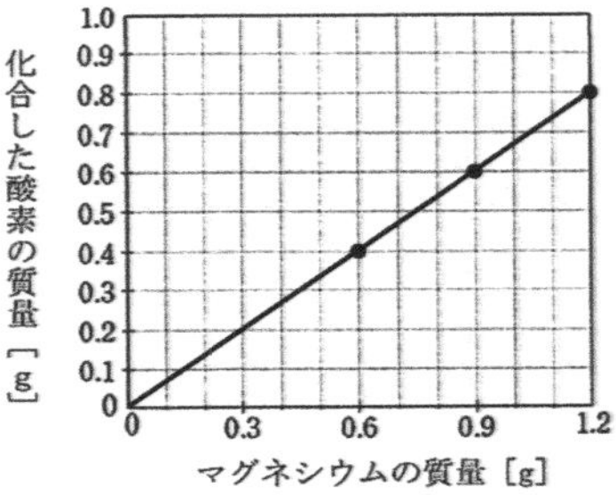

5 Ⅰ．⑴細胞　⑵気孔　⑶蒸散　⑷エ

Ⅱ．⑴ア　⑵イ　⑶4.1　⑷７

6 ⑴0.1　　⑵等速直線運動　　⑶0.5　　⑷イ

7 ⑴1008　　⑵ウ　　⑶ア．雨〔別解〕くもり　イ．南　ウ．上がる　　⑷イ

8 ア．オーム　　イ．15　　ウ．0.08　　エ．20

《社　会》

1 問１．ニュージーランド　　問２．ウ　　問３．エ　　問４．ア　　問５．地中海性気候　　問６．沐浴　問７．インド　　問８．Ｃ．ドーナツ化　Ｄ．限界集落　　問９．ウ　　問10．人口爆発　　問11．エ

2 問１．イ　　問２．イ　　問３．エ　　問４．ア　　問５．二毛作　　問６．ア　　問７．ウ　　問８．ウ　問９．葛飾北斎　　問10．エ　　問11．エ　　問12．治安警察法　　問13．イ　　問14．ア　　問15．冷戦

3 問１．ア　　問２．アッラー　　問３．エ　　問４．ルター　　問５．世界各地での布教活動。　問６．銀の流出とアヘンの害が深刻になった　　問７．香港　　問８．イ　　問９．ウ

4 問１．９　　問２．ウ　　問３．エ　　問４．エ　　問５．イ　　問６．イ　　問７．エ　　問８．エ　問９．ウ　　問10．イ　　問11．ＩＣＴ　　問12．イ　　問13．カ　　問14．ウ

■ ご使用にあたってのお願い・ご注意

（1）問題文等の非掲載

著作権上の都合により，問題文や図表などの一部を掲載できない場合があります。

誠に申し訳ございませんが，ご了承くださいますようお願いいたします。

（2）過去問における時事性

過去問題集は，学習指導要領の改訂や社会状況の変化，新たな発見などにより，現在とは異なる表記や解説になっている場合があります。過去問の特性上，出題当時のままで出版していますので，あらかじめご了承ください。

（3）配点

学校等から配点が公表されている場合は，記載しています。公表されていない場合は，記載していません。

独自の予想配点は，出題者の意図と異なる場合があり，お客様が学習するうえで誤った判断をしてしまう恐れがあるため記載していません。

（4）無断複製等の禁止

購入された個人のお客様が，ご家庭でご自身またはご家族の学習のためにコピーをすることは可能ですが，それ以外の目的でコピー，スキャン，転載（ブログ，ＳＮＳなどでの公開を含みます）などをすることは法律により禁止されています。学校や学習塾などで，児童生徒のためにコピーをして使用することも法律により禁止されています。

ご不明な点や，違法な疑いのある行為を確認された場合は，弊社までご連絡ください。

（5）けがに注意

この問題集は針を外して使用します。針を外すときは，けがをしないように注意してください。また，表紙カバーや問題用紙の端で手指を傷つけないように十分注意してください。

（6）正誤

制作には万全を期しておりますが，万が一誤りなどがございましたら，弊社までご連絡ください。

なお，誤りが判明した場合は，弊社ウェブサイトの「ご購入者様のページ」に掲載しておりますので，そちらもご確認ください。

■ お問い合わせ

解答例，解説，印刷，製本など，問題集発行におけるすべての責任は弊社にあります。

ご不明な点がございましたら，弊社ウェブサイトの「お問い合わせ」フォームよりご連絡ください。迅速に対応いたしますが，営業日の都合で回答に数日を要する場合があります。

ご入力いただいたメールアドレス宛に自動返信メールをお送りしています。自動返信メールが届かない場合は，「よくある質問」の「メールの問い合わせに対し返信がありません。」の項目をご確認ください。

また弊社営業日（平日）は，午前９時から午後５時まで，電話でのお問い合わせも受け付けています。

2025 春

株式会社教英出版

〒422-8054　静岡県静岡市駿河区南安倍３丁目 12-28

TEL　054-288-2131　　FAX　054-288-2133

URL　https://kyoei-syuppan.net/

MAIL siteform@kyoei-syuppan.net

教英出版

学校別問題集

北海道

①札幌北斗高等学校
②北星学園大学附属高等学校
③東海大学付属札幌高等学校
④立命館慶祥高等学校
⑤北海高等学校
⑥北見藤高等学校
⑦札幌光星高等学校
⑧函館ラ・サール高等学校
⑨札幌大谷高等学校
⑩北海道科学大学高等学校
⑪遺愛女子高等学校
⑫札幌龍谷学園高等学校
⑬札幌日本大学高等学校
⑭札幌第一高等学校
⑮旭川実業高等学校
⑯北海学園札幌高等学校

青森県

①八戸工業大学第二高等学校

宮城県

①聖和学園高等学校(A日程)
②聖和学園高等学校(B日程)
③東北学院高等学校(A日程)
④東北学院高等学校(B日程)
⑤仙台大学附属明成高等学校
⑥仙台城南高等学校
⑦東北学院榴ケ岡高等学校
⑧古川学園高等学校
⑨仙台育英学園高等学校(A日程)
⑩仙台育英学園高等学校(B日程)
⑪聖ウルスラ学院英智高等学校
⑫宮城学院高等学校
⑬東北生活文化大学高等学校
⑭東北高等学校
⑮常盤木学園高等学校
⑯仙台白百合学園高等学校
⑰尚絅学院高等学校(A日程)
⑱尚絅学院高等学校(B日程)

山形県

①日本大学山形高等学校
②惺山高等学校
③東北文教大学山形城北高等学校
④東海大学山形高等学校
⑤山形学院高等学校

福島県

①日本大学東北高等学校

新潟県

①中越高等学校
②新潟第一高等学校
③東京学館新潟高等学校
④日本文理高等学校
⑤新潟青陵高等学校
⑥帝京長岡高等学校
⑦北越高等学校
⑧新潟明訓高等学校

富山県

①高岡第一高等学校
②富山第一高等学校

石川県

①金沢高等学校
②金沢学院大学附属高等学校
③遊学館高等学校
④星稜高等学校
⑤鵬学園高等学校

山梨県

①駿台甲府高等学校
②山梨学院高等学校(特進)
③山梨学院高等学校(進学)
④山梨英和高等学校

岐阜県

①鶯谷高等学校
②富田高等学校
③岐阜東高等学校
④岐阜聖徳学園高等学校
⑤大垣日本大学高等学校
⑥美濃加茂高等学校
⑦済美高等学校

静岡県

①御殿場西高等学校
②知徳高等学校
③日本大学三島高等学校
④沼津中央高等学校
⑤飛龍高等学校
⑥桐陽高等学校
⑦加藤学園高等学校
⑧加藤学園暁秀高等学校
⑨誠恵高等学校
⑩星陵高等学校
⑪静岡県富士見高等学校
⑫清水国際高等学校
⑬静岡サレジオ高等学校
⑭東海大学付属静岡翔洋高等学校
⑮静岡大成高等学校
⑯静岡英和女学院高等学校
⑰城南静岡高等学校
⑱静岡女子高等学校
⑲常葉大学附属常葉高等学校
常葉大学附属橘高等学校
常葉大学附属菊川高等学校
⑳静岡北高等学校
㉑静岡学園高等学校
㉒焼津高等学校
㉓藤枝明誠高等学校
㉔静清高等学校
㉕磐田東高等学校
㉖浜松学院高等学校
㉗浜松修学舎高等学校
㉘浜松開誠館高等学校
㉙浜松学芸高等学校
㉚浜松聖星高等学校
㉛浜松日体高等学校
㉜聖隷クリストファー高等学校
㉝浜松啓陽高等学校
㉞オイスカ浜松国際高等学校

愛知県

①[国立]愛知教育大学附属高等学校
②愛知高等学校
③名古屋経済大学市邨高等学校
④名古屋経済大学高蔵高等学校
⑤名古屋大谷高等学校
⑥享栄高等学校
⑦椙山女学園高等学校
⑧大同大学大同高等学校
⑨日本福祉大学付属高等学校
⑩中京大学附属中京高等学校
⑪至学館高等学校
⑫東海高等学校
⑬名古屋たちばな高等学校
⑭東邦高等学校
⑮名古屋高等学校
⑯名古屋工業高等学校
⑰名古屋葵大学高等学校
(名古屋女子大学高等学校)
⑱中部大学第一高等学校
⑲桜花学園高等学校
⑳愛知工業大学名電高等学校
㉑愛知みずほ大学瑞穂高等学校
㉒名城大学附属高等学校
㉓修文学院高等学校
㉔愛知啓成高等学校
㉕聖カピタニオ女子高等学校
㉖滝高等学校
㉗中部大学春日丘高等学校
㉘清林館高等学校
㉙愛知黎明高等学校
㉚岡崎城西高等学校
㉛人間環境大学附属岡崎高等学校
㉜桜丘高等学校

㉝光ヶ丘女子高等学校
㉞藤ノ花女子高等学校
㉟栄徳高等学校
㊱同朋高等学校
㊲星城高等学校
㊳安城学園高等学校
㊴愛知産業大学三河高等学校
㊵大成高等学校
㊶豊田大谷高等学校
㊷東海学園高等学校
㊸名古屋国際高等学校
㊹啓明学館高等学校
㊺聖霊高等学校
㊻誠信高等学校
㊼誉高等学校
㊽杜若高等学校
㊾菊華高等学校
㊿豊川高等学校

三重県

①暁高等学校(3年制)
②暁高等学校(6年制)
③海星高等学校
④四日市メリノール学院高等学校
⑤鈴鹿高等学校
⑥高田高等学校
⑦三重高等学校
⑧皇學館高等学校
⑨伊勢学園高等学校
⑩津田学園高等学校

滋賀県

①近江高等学校

大阪府

①上宮高等学校
②大阪高等学校
③興國高等学校
④清風高等学校
⑤早稲田大阪高等学校
(早稲田摂陵高等学校)
⑥大商学園高等学校
⑦浪速高等学校
⑧大阪夕陽丘学園高等学校
⑨大阪成蹊女子高等学校
⑩四天王寺高等学校
⑪梅花高等学校
⑫追手門学院高等学校
⑬大阪学院大学高等学校
⑭大阪学芸高等学校
⑮常翔学園高等学校
⑯大阪桐蔭高等学校
⑰関西大倉高等学校
⑱近畿大学附属高等学校
⑲金光大阪高等学校
⑳星翔高等学校
㉑阪南大学高等学校
㉒箕面自由学園高等学校
㉓桃山学院高等学校
㉔関西大学北陽高等学校

兵庫県

①雲雀丘学園高等学校
②園田学園高等学校
③関西学院高等部
④灘高等学校
⑤神戸龍谷高等学校
⑥神戸第一高等学校
⑦神港学園高等学校
⑧神戸学院大学附属高等学校
⑨神戸弘陵学園高等学校
⑩彩星工科高等学校
⑪神戸野田高等学校
⑫滝川高等学校
⑬須磨学園高等学校
⑭神戸星城高等学校
⑮啓明学院高等学校
⑯神戸国際大学附属高等学校
⑰滝川第二高等学校
⑱三田松聖高等学校
⑲姫路女学院高等学校
⑳東洋大学附属姫路高等学校
㉑日ノ本学園高等学校
㉒市川高等学校
㉓近畿大学附属豊岡高等学校
㉔夙川高等学校
㉕仁川学院高等学校
㉖育英高等学校

奈良県

①西大和学園高等学校

岡山県

①[県立]岡山朝日高等学校
②清心女子高等学校
③就実高等学校
(特別進学コース〈ハイグレード・アドバンス〉)
④就実高等学校
(特別進学チャレンジコース・総合進学コース)
⑤岡山白陵高等学校
⑥山陽学園高等学校
⑦関西高等学校
⑧おかやま山陽高等学校
⑨岡山商科大学附属高等学校
⑩倉敷高等学校
⑪岡山学芸館高等学校(1期1日目)
⑫岡山学芸館高等学校(1期2日目)
⑬倉敷翠松高等学校
⑭岡山理科大学附属高等学校
⑮創志学園高等学校
⑯明誠学院高等学校
⑰岡山龍谷高等学校

広島県

①[国立]広島大学附属高等学校
②[国立]広島大学附属福山高等学校
③修道高等学校
④崇徳高等学校
⑤広島修道大学ひろしま協創高等学校
⑥比治山女子高等学校
⑦呉港高等学校
⑧清水ヶ丘高等学校
⑨盈進高等学校
⑩尾道高等学校
⑪如水館高等学校
⑫広島新庄高等学校
⑬広島文教大学附属高等学校
⑭銀河学院高等学校
⑮安田女子高等学校
⑯山陽高等学校
⑰広島工業大学高等学校
⑱広陵高等学校
⑲近畿大学附属広島高等学校福山校
⑳武田高等学校
㉑広島県瀬戸内高等学校(特別進学)
㉒広島県瀬戸内高等学校(一般)
㉓広島国際学院高等学校
㉔近畿大学附属広島高等学校東広島校
㉕広島桜が丘高等学校

山口県

①高水高等学校
②野田学園高等学校
③宇部フロンティア大学付属香川高等学校
(普通科〈特進・進学コース〉)
④宇部フロンティア大学付属香川高等学校
(生活デザイン・食物調理・保育科)
⑤宇部鴻城高等学校

徳島県

①徳島文理高等学校

香川県

①香川誠陵高等学校
②大手前高松高等学校

愛媛県

①愛光高等学校
②済美高等学校
③FC今治高等学校
④新田高等学校
⑤聖カタリナ学園高等学校

福岡県

①福岡大学附属若葉高等学校
②精華女子高等学校(専願試験)
③精華女子高等学校(前期試験)
④西南学院高等学校
⑤筑紫女学園高等学校
⑥中村学園女子高等学校(専願入試)
⑦中村学園女子高等学校(前期入試)
⑧博多女子高等学校
⑨博多高等学校
⑩東福岡高等学校
⑪福岡大学附属大濠高等学校
⑫自由ケ丘高等学校
⑬常磐高等学校
⑭東筑紫学園高等学校
⑮敬愛高等学校
⑯久留米大学附設高等学校
⑰久留米信愛高等学校
⑱福岡海星女子学院高等学校
⑲誠修高等学校
⑳筑陽学園高等学校(専願入試)
㉑筑陽学園高等学校(前期入試)
㉒真颯館高等学校
㉓筑紫台高等学校
㉔純真高等学校
㉕福岡舞鶴高等学校
㉖折尾愛真高等学校
㉗九州国際大学付属高等学校
㉘祐誠高等学校
㉙西日本短期大学附属高等学校
㉚東海大学付属福岡高等学校
㉛慶成高等学校
㉜高稜高等学校
㉝中村学園三陽高等学校
㉞柳川高等学校
㉟沖学園高等学校
㊱福岡常葉高等学校
㊲九州産業大学付属九州高等学校
㊳近畿大学附属福岡高等学校
㊴大牟田高等学校
㊵久留米学園高等学校
㊶福岡工業大学附属城東高等学校
(専願入試)
㊷福岡工業大学附属城東高等学校
(前期入試)
㊸八女学院高等学校
㊹星琳高等学校
㊺九州産業大学付属九州産業高等学校
㊻福岡雙葉高等学校

佐賀県

①龍谷高等学校
②佐賀学園高等学校
③佐賀女子短期大学付属佐賀女子高等学校
④弘学館高等学校
⑤東明館高等学校
⑥佐賀清和高等学校
⑦早稲田佐賀高等学校

長崎県

①海星高等学校(奨学生試験)
②海星高等学校(一般入試)
③活水高等学校
④純心女子高等学校
⑤長崎南山高等学校
⑥長崎日本大学高等学校(特別入試)
⑦長崎日本大学高等学校(一次入試)
⑧青雲高等学校
⑨向陽高等学校
⑩創成館高等学校
⑪鎮西学院高等学校

熊本県

①真和高等学校
②九州学院高等学校
(奨学生・専願生)
③九州学院高等学校
(一般生)
④ルーテル学院高等学校
(専願入試・奨学入試)
⑤ルーテル学院高等学校
(一般入試)
⑥熊本信愛女学院高等学校
⑦熊本学園大学付属高等学校
(奨学生試験・専願生試験)
⑧熊本学園大学付属高等学校
(一般生試験)
⑨熊本中央高等学校
⑩尚絅高等学校
⑪文徳高等学校
⑫熊本マリスト学園高等学校
⑬慶誠高等学校

大分県

①大分高等学校

宮崎県

①鵬翔高等学校
②宮崎日本大学高等学校
③宮崎学園高等学校
④日向学院高等学校
⑤宮崎第一高等学校
(文理科)
⑥宮崎第一高等学校
(普通科・国際マルチメディア科・電気科)

鹿児島県

①鹿児島高等学校
②鹿児島実業高等学校
③樟南高等学校
④れいめい高等学校
⑤ラ・サール高等学校

新刊
もっと過去問シリーズ

愛知県

愛知高等学校
7年分(数学・英語)
中京大学附属中京高等学校
7年分(数学・英語)
東海高等学校
7年分(数学・英語)
名古屋高等学校
7年分(数学・英語)
愛知工業大学名電高等学校
7年分(数学・英語)
名城大学附属高等学校
7年分(数学・英語)
滝高等学校
7年分(数学・英語)

※もっと過去問シリーズは入学試験の実施教科に関わらず、数学と英語のみの収録となります。

教英出版
〒422-8054
静岡県静岡市駿河区南安倍3丁目12−28
TEL 054-288-2131
FAX 054-288-2133
詳しくは教英出版で検索
教英出版 検索
URL https://kyoei-syuppan.net/

令和三年度

宮崎学園高等学校　入学試験問題

国　語

（令和三年一月二十七日　時間：四十五分）

（注　意）

1　「始め」の合図があるまで、このページ以外のところを見てはいけません。

2　問題用紙は、表紙を除いて十二ページで、問題は三題です。

3　「始め」の合図があったら、まず解答用紙に受験学科名および受験番号、氏名を記入し、次に問題用紙のページ数を調べて、異常があれば申し出なさい。

4　答えは、必ず解答用紙の答えの欄に記入しなさい。

5　印刷がはっきりしなくて読めないときは、だまって手をあげなさい。問題内容や答案作成上の質問は認めません。

6　「やめ」の合図があったら、すぐに鉛筆をおき、解答用紙だけを裏返しにして、机の上におきなさい。

一　次の文章を読んで、後の問いに答えなさい。

六年生の僕（加賀）と安斎《あんざい》が通う小学校で、プロ野球選手（打点王氏）の講演会が行われた。会が終わり、校門でタクシーに乗り込む打点王氏を必死に追いかけた二人は、彼にある約束を取り付ける。本文はその翌日の野球教室での出来事である。

著作権に関係する弊社の都合により
本文は省略いたします。

教英出版編集部

著作権に関係する弊社の都合により
本文は省略いたします。

教英出版編集部

（伊坂幸太郎『逆ソクラテス』より）

注１　久留米 … 僕の担任教師。
注２　スウィング … バットを振ること。
注３　フォーム … 形。姿勢。姿。
注４　一瞥 … ひと目ちらっと見ること。

問一　二重傍線部ａ～ｄの漢字の読みを答えなさい。

問二　傍線部Ａ「眉を少し下げ」・Ｂ「臆せず」の本文中における意味として最も適切なものを、次の**ア**～**エ**からそれぞれ一つずつ選び、記号で答えなさい。

Ａ
ア　困ったように
イ　安心した様子で
ウ　不思議そうに
エ　不機嫌を表し

Ｂ
ア　悪びれず
イ　落ち着いて
ウ　なめらかに
エ　気後れしないで

問三　傍線部①「新しい体操みたいだ」という言葉から、どのようなことが分かるか。その説明として最も適切なものを次の**ア**～**エ**から一つ選び、記号で答えなさい。

ア　打点王氏に直接素振りの指導を受けるのを楽しみにしている。
イ　安斎に気を遣い自分も同じ気持ちだと伝えようとしている。
ウ　真剣に素振りをする周囲をどこかさめた気持ちで眺めている。
エ　素振りに一生懸命な同級生や先生、打点王氏をばかにしている。

問四　傍線部②「僕と似たような扱いを受けた。」とはどういうことか。それについて説明した次の文の空欄にあてはまる語句を、Ⅰは五字以内、Ⅱは十字以内でそれぞれ本文中から抜き出して答えなさい。

（　Ⅰ　）から（　Ⅱ　）を受けたということ。

問五　傍線部③「不恰好で、バランスが悪かった。」とあるが、このようなフォームを言い換えた表現をこれより後の本文中から三字で抜き出して答えなさい。

問六　傍線部④「安斎が舌打ちするのが聞こえた。」とあるが、安斎が舌打ちをした理由として**適切でない**ものを次の**ア**～**エ**から一つ選び、記号で答えなさい。

ア　久留米の不適切な発言を子供たちがおもしろがったから。
イ　草壁のフォームが想像以上に不恰好なものだったから。
ウ　子どもたちが草壁をばかにするような言動をとったから。
エ　久留米が草壁を見下し偏見に満ちた発言をしたから。

問七　傍線部⑤「安斎は縋るような目で、打点王氏を見上げた。」とあるが、この時の安斎の気持ちを四十字以内で具体的に書きなさい。（ただし、句読点は字数に含む。）

問八　本文中の空欄［　　］にあてはまる台詞《せりふ》として最も適切なものを次の**ア**～**エ**から一つ選び、記号で答えなさい。

ア　君の素振りはユニークだ
イ　君も人気者になれるよ
ウ　君には練習が必要だ
エ　君には素質があるよ

問九　太線部「本来の目的」・「勝負の場」とあるが、安斎や僕はこの野球教室で何がしたかったのか。それについてまとめた次の文の空欄にあてはまる語を本文中から五字以内で抜き出して答えなさい。

久留米の、草壁に対する（　　　　）をひっくり返すこと。

二　次の文章を読んで、後の問いに答えなさい。

著作権に関係する弊社の都合により
本文は省略いたします。

教英出版編集部

著作権に関係する弊社の都合により
本文は省略いたします。

教英出版編集部

著作権に関係する弊社の都合により
本文は省略いたします。

教英出版編集部

著作権に関係する弊社の都合により
本文は省略いたします。

教英出版編集部

著作権に関係する弊社の都合により
本文は省略いたします。

教英出版編集部

著作権に関係する弊社の都合により
本文は省略いたします。

教英出版編集部

（南鶴溪『文字に聞く』より）

注1　寺子屋 … 江戸時代、子どもを集めて、読み書き・そろばんを教えたところ。
注2　象形文字 … 物の形をかたどって作った文字。
注3　漫然 … ただ何となく物事をするようす。
注4　王羲之 … 西暦四世紀の人で、書聖と呼ばれたすぐれた書道家。
注5　故地 … 縁のある土地。
注6　神品 … 芸術作品などで、人間のものとは思えないほど気高くりっぱな品位。

問一　二重傍線部ａ～ｄのカタカナを漢字に直しなさい。

問二　太線部Ａ～Ｃの「の」と同じ意味・用法のものを、次の**ア**～**エ**からそれぞれ一つずつ選び、記号で答えなさい。

ア　辛いのが食べたい。
イ　ユリの花が咲いている。
ウ　彼の言うことは信じられない。
エ　行くの行かないのもめている。

6 右の図において，四角形ABEDと四角形ACFGはともに正方形です。
次の問いに答えなさい。

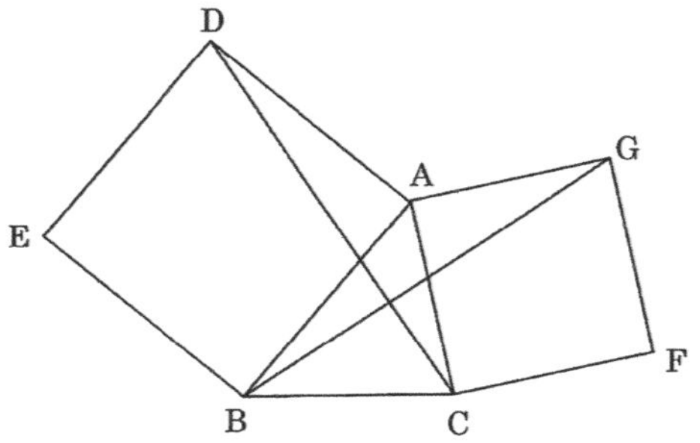

［1］ △ABG≡△ADCであることを次のように証明しました。空欄に入る最も適するものを下の語群から選んで記号で答えなさい。ただし，2か所ある (4) には同じ答えが入ります。

［証 明］

△ABGと△ADCにおいて

四角形ABEDは正方形だから

AB＝ (1) ……①

四角形ACFGは正方形だから

AG＝ (2) ……②

∠BAG＝∠BAC＋ (3) ＝∠BAC＋90° ……③

(4) ＝∠BAC＋∠BAD＝∠BAC＋90° ……④

③，④より

∠BAG＝ (4) ……⑤

①，②，⑤より

(5) がそれぞれ等しいから

△ABG≡△ADC

［証明終わり］

語群

ア AB　イ BC　ウ AC　エ AD　オ AG　カ ∠BAC

キ ∠CAG　ク ∠BAD　ケ ∠BAG　コ ∠DAC

サ 3組の辺　シ 2組の辺とその間の角　ス 1組の辺とその両端の角

セ 2組の角　ソ 2組の向かいあう辺

［2］ △ABCと△ABGの面積が等しいとき，∠BAGの大きさを求めなさい。

［3］ BG＝12cmとする。このとき，四角形BCGDの面積を求めなさい。

5 点Pは原点にあります。硬貨が1枚あり，硬貨を投げた結果，点Pは次のように移動します。

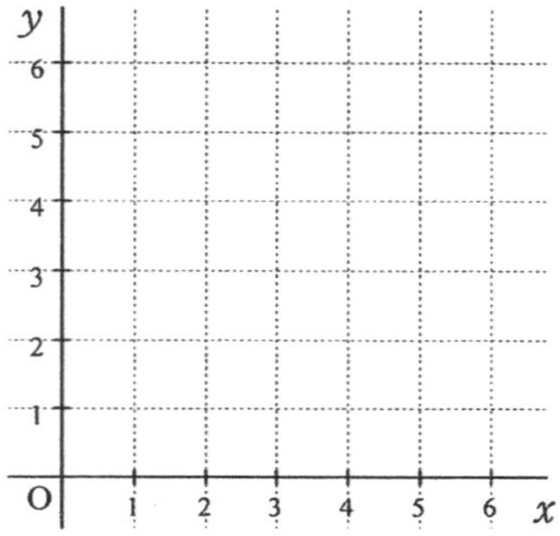

表が出たとき，点Pはx軸の正の方向に1進む。 裏が出たとき，点Pはy軸の正の方向に1進む。

このとき，次の問いに答えなさい。

(1)　硬貨を2回投げて，点Pは点(1，1)に移動しました。硬貨の表裏の出方は何通りありますか。

(2)　硬貨を4回投げて，点Pは点(2，2)に移動しました。硬貨の表裏の出方は何通りありますか。

(3)　硬貨を4回投げて，点Pは点(1，1)を通らず，点(2，2)に移動しました。硬貨の表裏の出方は何通りありますか。

次に，下の条件を付け加えます。

点Pは点(1，1)に着いたら，点(0，0)へ戻る。

(4)　硬貨を4回投げて，点Pが点(2，2)にある確率を求めなさい。

4 次の図において，曲線 ℓ は関数 $y=\frac{1}{2}x^2$，曲線 m は関数 $y=-x^2$ のグラフを表しています。点A，点Bは曲線 ℓ 上の点で，点C，点Dは曲線 m 上の点であり，四角形ABCDは長方形です。点Aの座標が（2，2）であるとき，次の問いに答えなさい。

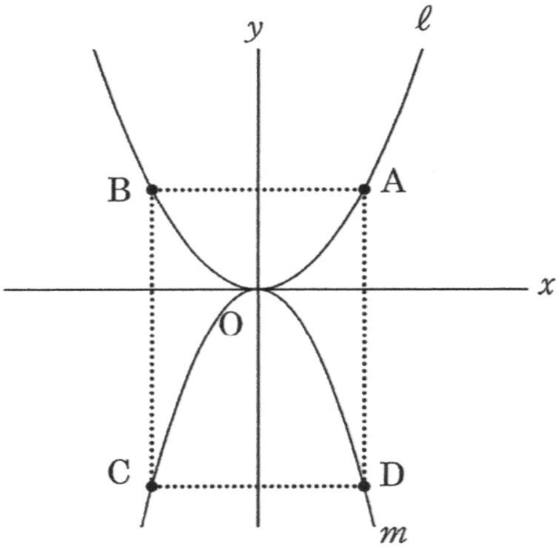

（1） 点Cの座標を求めなさい。

（2） 直線ACの式を求めなさい。

（3） △OADの面積を求めなさい。

（4） △OACの面積を求めなさい。

（5） x 座標が t である曲線 ℓ 上の点をP，x 座標が t である曲線 m 上の点をQとします。このとき，線分PQの長さが1となるような t の値を求めなさい。
ただし，$0 < t < 2$ とします。

（6） 曲線 m 上を動く点Rを考えます。△ACRの面積が△OACの面積と等しくなるような点Rの x 座標の値をすべて求めなさい。ただし，点Oは答えに含みません。

問１　第３段落には、話の流れからすると不自然な文が１つ入っている。ないほうがよい文を下線部①～④の中から１つ選び、番号で答えなさい。

問２　空欄［　1　］に入る最も適切な英語を、次の①～④から１つ選び、番号で答えなさい。

① stayed with my brother for six days
② watched the news of coronavirus on TV
③ bought many souvenirs in Tokyo Sky Tree
④ went back to Tokyo the next day.

問３　空欄［　2　］に最も適切な英語を入れるには、それぞれ(A)と(B)をどのように組み合わせればよいか、下の①～⑧のうちから１つ選び、番号で答えなさい。

(A) me	→	(A) to the hotel	→	(A) and showed me
(B) my		(B) to the city shrine		(B)and asked me

① (A) → (A) → (A)　② (A) → (A) → (B)　③ (A) → (B) → (A)　④ (A) → (B) → (B)
⑤ (B) → (B) → (A)　⑥ (B) → (A) → (B)　⑦ (B) → (B) → (A)　⑧ (B) → (B) → (B)

問４　次の英文の続きとして本文の内容に最も合うものを、次の①～④から１つ選び、番号で答えなさい。

Sam was surprised when she went to her hotel from the station because

① there were many people walking at the same time.
② the taxi was a very expensive car.
③ her brother came to see her to Tokyo.
④ the Tokyo Sky Tree was very tall.

問５　第４段落の下線部の単語 huge の意味に最も近いものを、次の①～④から１つ選びなさい。

① おかしい
② 悲しい
③ すごい
④ 静かな

問６　本文の内容と合っているものに○、違うものに×をつけなさい。

① Sam visited some temples and shrines in Tokyo.
② Sam put money into the box of the shrine twice in Miyazaki.
③ Perhaps Sam threw lucky balls with her right hand.
④ Sam bought almost nothing in some souvenir shops.
⑤ Sam stayed in Japan for more than a week.

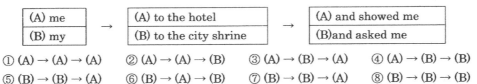

10 以下の文はSamという女性が友人のBethに出したe-mailです。英文を読んで下の問いに答えなさい。

Date: August 2020

Dear Beth,

Hello! It's been about a year since we last talked. I'm sorry for not sending you e-mail for a long time. How have you been? It's hard for us to see each other now because of the new *coronavirus.

I can't believe I enjoyed traveling to Japan last year. That was really a nice trip, so I'll tell you about it.

I went to Japan to visit my brother who lives in Miyazaki. Japan was very clean and the people were really friendly. ① I stayed in Shinjuku in Tokyo for two nights. ② I took a taxi from Tokyo station to my hotel in Shinjuku. ③ On the way to the hotel, I saw many beautiful temples and shrines. ④ There are many famous temples and shrines in Kyoto. The taxi was expensive, but the car was a *BMW!

On the second and third day I went to Tokyo Sky Tree, *Senso-ji Temple, the *Emperor's Palace and Shibuya. The *crossing in Shibuya was huge! There were many people walking at the same time. I didn't know how people could cross without touching each other. I also enjoyed karaoke in Shibuya. The karaoke box had many Japanese and English songs. After karaoke I had a good *ramen* at a famous ramen shop and went back to the hotel.

I went to Miyazaki the next day and [1]. I met his family and enjoyed wonderful dinner with them. The Japanese food was so nice and was very different from the Japanese food in Australia. I really enjoyed the *chicken namban* and the fresh *sushi*.

My brother took [2] the Japanese way. You *bow, throw some money into a box, *clap your hands twice, put your hands together, say your wish and finish with a bow. It was a little difficult, but I was able to do it.

The next day we went to Aoshima shrine and put money into the box again. This time I knew what to do, so it was easier for me. We also went to Udo shrine and threw *un-dama*, lucky balls in English, from the *cliff. If a ball stays inside the rope on top of a big rock, good luck will come to you. To make it more difficult for men, they have to throw with their left hands. We women can throw with our right hands.

Over the last few days we went to the *souvenir shops. I bought some *beach mats, a Japanese hand fan, many kinds of Japanese sweets and cakes and some *sake*. My *suitcase and bags were heavy by the last day. I had to spend two hours packing my bags and suitcase.

After nine days in Japan, I finally went back home to my family and friends with their souvenirs and a lot of pictures. They all really enjoyed the Japanese sweets and cakes which I bought for them.

When the coronavirus is finished, I want to travel to Japan again. Next time I will take more bags and suitcases to bring back more souvenirs from different cities around Japan.

Please *let me know how you and your family are doing. Talk to you soon.

Take care.
Sam

*coronavirus 新型コロナウィルス　*BMW ドイツ製の高級車　*Senso-ji Temple 浅草寺
*Emperor's Palace 皇居　*crossing 横断歩道　*bow おじぎする　*clap (手を) たたく　*cliff がけ
*souvenir おみやげ　*beach mat ビーチマット　*suitcase スーツケース　*pack 荷造りする
*let me know 教えてください

問１　グラフ内の ① ～ ④ について、正しい組み合わせを次のア～エから１つ選び、記号で答えなさい。

ア	① Brown	② Black	③ White	④ Red
イ	① Black	② Brown	③ Red	④ White
ウ	① Black	② Brown	③ White	④ Red
エ	① Brown	② white	③ Red	④ Black

問２　下線部 (1) の理由の説明になるよう、下の文の空所に合うように、適当な語を 15 字以内の日本語で答えなさい。

砂浜の色は、(　　　　　　　) によって変わるから。

問３　次の表は、Kai の話を聞いて、Tom が砂浜の色についてまとめたメモである。(　1　) ～ (　7　) に入る語を、下の枠内のア～ケから１つずつ選び、記号で答えなさい。

Area	Colors of the beaches	Reasons
A	(1)	・made of (2), shells and corals
B	(3)	・many (4) in the area B ・(5) changes into black rock
C	(6)	・made of (7)

ア lava	イ black	ウ rocks	エ red	オ volcanoes
カ brown	キ coral	ク white	ケ sea	

問４　この会話は主に何について話をしているのか。適当なものを次のア～カから２つ選びなさい。

ア　the reason why the area B has many black sand beaches
イ　the reason why colors of beaches are different from place to place
ウ　the reason why brown sand beach is the most common in this country
エ　the number of beaches in the country and their colors
オ　the number of beaches in the area A and their color
カ　the number of beaches in the area C and their color

5 　みどりさんとまなぶさんは，植物の葉のつくりや水の移動について調べるために実験を行った。次のⅠ，Ⅱの問いに答えなさい。

Ⅰ　みどりさんは，葉のつくりを調べるために［実験１］を行った。次の(1)～(4)の問いに答えなさい。

［実験１］

①　葉の表の表面にカッターナイフで軽く切れ目を入れて葉を折り，裏のうすい皮をはがして切り取る。そして，プレパラートをつくり，裏のうすい皮を顕微鏡で観察した。

②　切れ目を入れたニンジンに小さく切った葉をはさみ，ニンジンごとＴ字かみそりでうすく切る。これを水が入ったペトリ皿に入れておく。そして，うまく切れたものを選んで，プレパラートをつくり，葉の断面を顕微鏡で観察した。

①

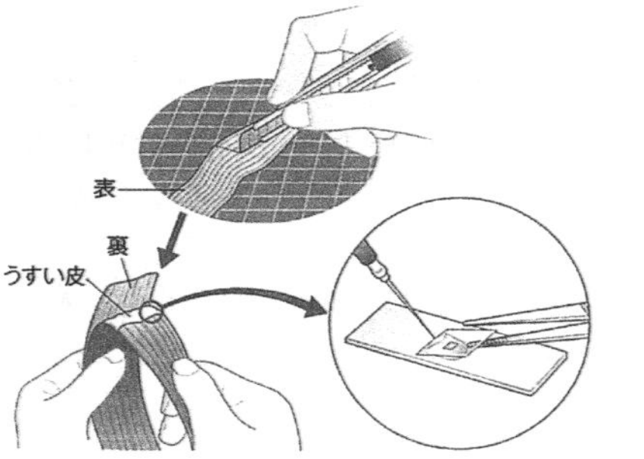

②

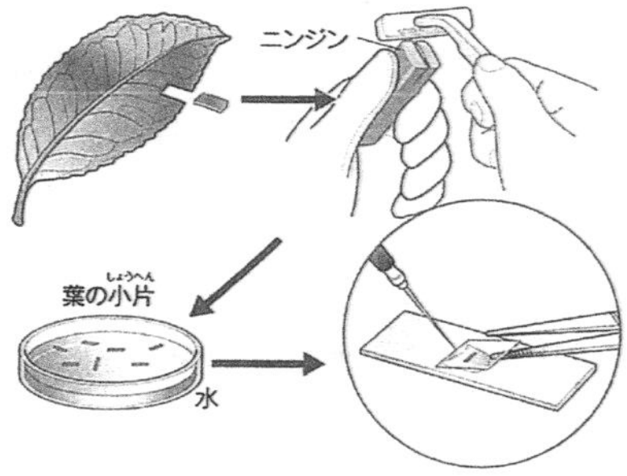

(1)　たくさんの小さな部屋のようなものが観察された。この小さな部屋を何というか。名称を答えなさい。

(2)　**［実験１］**の結果から，小さな口のようなすき間が観察された。このすき間を何というか。名称を答えなさい。

(3)　葉へ運ばれてきた水の大部分は（2）のすき間から水蒸気となって大気中へ放出される。このはたらきを何というか答えなさい。

(4)　**［実験１］**について，次の**ア**～**エ**の中から正しいものを１つ選び，記号で答えなさい。ただし，①と②で観察した顕微鏡の拡大倍率は，どちらも100倍である。

ア　**［実験１］**の①のうす皮には，緑色の粒がみられない。
イ　緑色の粒はすべての小さな部屋のようなものに観察される。
ウ　小さな口のようなすき間から移動するのは水蒸気だけである。
エ　**［実験１］**の②には，維管束がみられる。

Ⅱ　**まなぶさんは植物の水の移動について調べるために，みどりさんと話し合い，［実験２］を行った。次の（1）～（4）の問いに答えなさい。**

［実験２］

① ほぼ同じ大きさの葉が同じ枚数ついた枝３本と葉のついていない枝を用いて，試験管に水を入れた後，水面に油を入れ，図のような装置をつくり，それぞれの試験管をＡ～Ｄとした。

② 図のように試験管Ｂ～Ｄの葉にワセリンを塗った。

③ 全体の重さをそれぞれ電子てんびんで測定した。

④ それぞれ明るく風通しのよいところに数日置いた。

⑤ 再び重さを測定し，水の減少量を計算した。

図

試験管Ａ	試験管Ｂ	試験管Ｃ	試験管Ｄ
そのまま	葉の表にワセリンを塗る	葉の裏にワセリンを塗る	枝の切り口にワセリンを塗る

（1） 下の文は，みどりさんとまなぶさんの会話の一部である。**［会話文］**を読み，X に当てはまるものを次の**ア**～**エ**の中から１つ選び，記号で答えなさい。

［会話文］

みどりさん：試験管の水面に油をいれたり，葉や枝にワセリンを塗ったりするのは，水が出ていくのを防ぐためだよね。
まなぶさん：そうだよ。
みどりさん：この実験から水の減少量を計算することで，X を調べることができるね。

ア　水がおもに葉のどこから出ていくか
イ　葉のどこに水があるか
ウ　葉がなぜ緑色をしているか
エ　道管のはたらき

（2） おもに葉の裏から水が出ていくと仮定した場合，どのような式が成り立つか。次の**ア**～**エ**の中から１つ選び，記号で答えなさい。ただし，試験管Ａ・Ｂ・Ｃで減った水の量をそれぞれ，a・b・c とする。

ア　a=b=c　　**イ**　a>b>c　　**ウ**　a>c>b　　**エ**　a=b>c

（3） 水の減少量を測定すると**表１**のようになった。**表１**のＹにあてはまる数値を答えなさい。

表１

	試験管Ａ	試験管Ｂ	試験管Ｃ	試験管Ｄ
減少量［g］	Y	3.6	0.6	0.1

（4） **表１**の結果から葉の裏から出ていく水の量は，葉の表から出ていく水の量の何倍か答えなさい。

6 　水平な机の上で台車と記録タイマーを用いて次のような［実験］を行った。次の (1) ～ (4) の問いに答えなさい。

［実験］

① 1秒間に 60 打点する記録タイマーを**図1**のように斜面に設置し，記録テープを記録タイマーに通し，台車にセロハンテープで固定した。

② 記録タイマーのスイッチを入れ，台車を斜面の上に置き，静かに手をはなした。台車は斜面に沿ってまっすぐに下り，A 地点を通過して水平面を進んだ。

③ 得られた記録テープを 6 打点ごとに切り，左から順に下端をそろえてグラフ用紙にはりつけると，**図2**のようになった。左から順に a ～ g とした。

図1

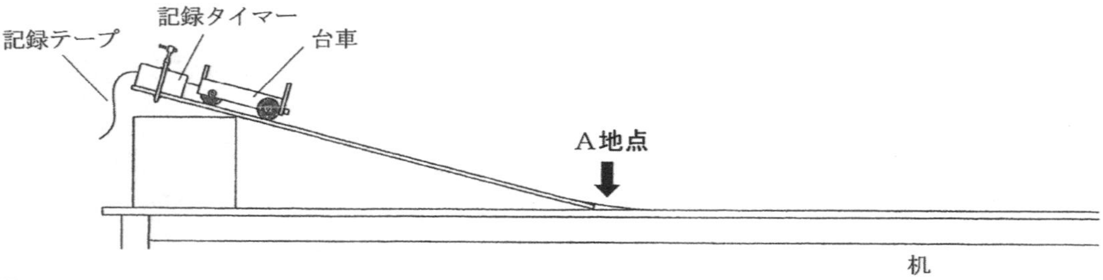

図2

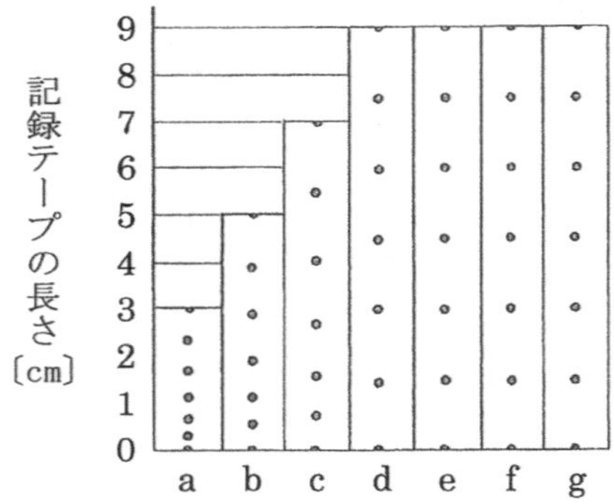

(1) 記録タイマーが，6 打点記録するのに要する時間は何秒か答えなさい。

(2) **図2**の d ～ g の台車の運動を何というか答えなさい。

(3) b のときの，台車の平均の速さは何 m/s か答えなさい。

(4) 台車を斜面の上に置き，静かに手をはなしてから A 地点に到達するまでの台車の速さと時間の関係を表したグラフを次の**ア**～**エ**から 1 つ選び，記号で答えなさい。

ア

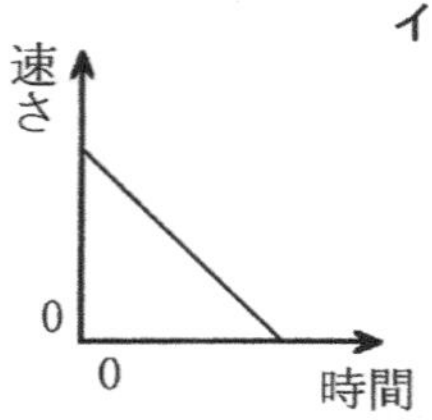

イ

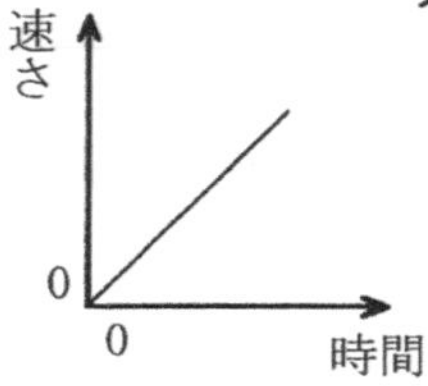

ウ

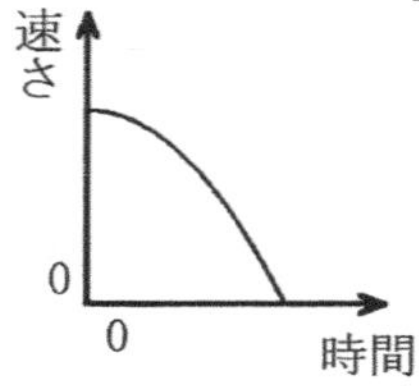

エ

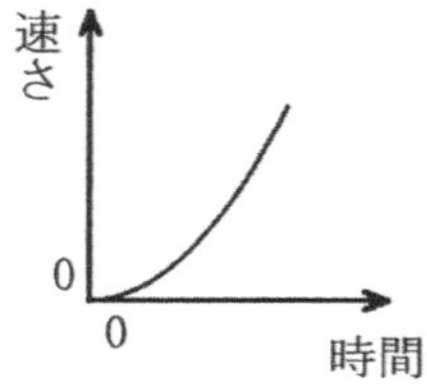

7　表は，令和２年６月29日９時から翌日９時までの宮崎の気象観測結果をまとめたものである。図１は，表の６月29日の９時における天気図の一部である。これについて，次の (1) ～ (4) の問いに答えなさい。

表

月日時	気温〔℃〕	気圧〔hPa〕	風向
6/29 9:00	27.1	1005.8	東南東
6/29 10:00	28.3	1006.5	南東
6/29 11:00	27.9	1006.6	南東
6/29 12:00	27.5	1006.6	南東
6/29 13:00	26.6	1006.4	南南西
6/29 14:00	25.0	1005.5	北北東
6/29 15:00	25.7	1005.3	北東
6/29 16:00	26.2	1005.3	北西
6/29 17:00	25.8	1005.0	東南東
6/29 18:00	25.5	1004.9	東
6/29 19:00	24.8	1004.8	東
6/29 20:00	24.2	1004.8	北北東
6/29 21:00	23.3	1004.9	北北東
6/29 22:00	22.9	1004.8	東南東
6/29 23:00	23.0	1003.9	東北東
6/30 0:00	23.7	1002.2	南南東
6/30 1:00	22.9	1001.6	北東
6/30 2:00	22.4	1000.4	北西
6/30 3:00	22.4	999.8	※静穏《せいおん》
6/30 4:00	24.1	998.4	南
6/30 5:00	24.3	998.3	西南西
6/30 6:00	24.4	998.4	西南西
6/30 7:00	24.5	999.8	南西
6/30 8:00	24.8	999.3	南南西
6/30 9:00	25.0	999.5	西南西

※静穏とは風力０のこと。

図１

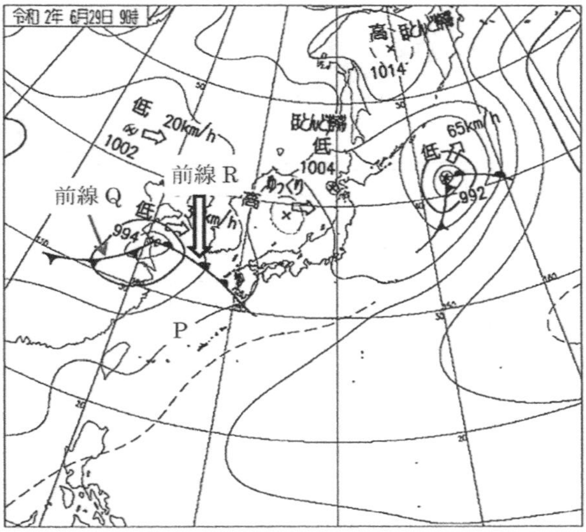

(1)　図１の等圧線のＰは，何 hPa を表しているか。表を参考にして答えなさい。

(2)　前線Ｑ付近にできる雲にあてはまるものを次のア～エから１つ選び，記号で答えなさい。

ア　高積雲　　イ　乱層雲　　ウ　積乱雲　　エ　高層雲

(3)　図１の宮崎の天気と前線Ｒが宮崎を通過した後の風向きと気温はどうなるか。次の文章の（　　）に適語を入れなさい。

> 図１の宮崎の天気は（　ア　）である。前線Ｒが通過後は，風向きが（　イ　）よりの風へ変化し，気温は（　ウ　）。

(4)　表で，前線Ｒが宮崎を通過した時刻は６月30日の何時から何時までの間と考えられるか。次のア～エから１つ選び，記号で答えなさい。

ア　０時～１時　　イ　３時～４時　　ウ　６時～７時　　エ　８時～９時

8 太郎さんと花子さんは，電流と電圧の関係を調べるために，［実験１］，［実験２］を行った。次の問いに答えなさい。

［実験１］ ２種類の抵抗器Ａ，Ｂの両端に加える電圧を変化させて，それぞれに流れる電流の大きさを測定した。図１は，その結果を示したものである。

［実験２］ 抵抗器Ａ，Ｂと抵抗値が分からない抵抗器Ｃを用いて図２のような回路をつくった。この回路に 5.4 V の電圧をかけたところ，電流計の値は 0.20A を示した。

図１

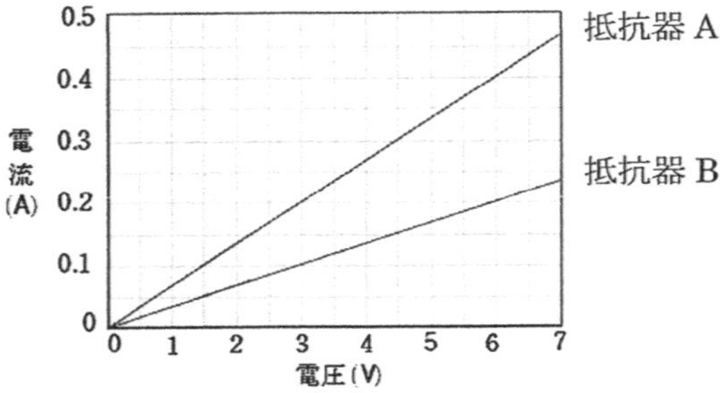

図２

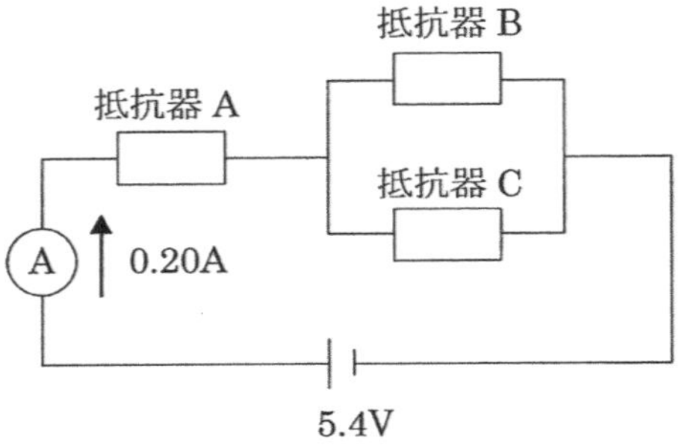

問 次の文は，［実験１］，［実験２］の結果について考察した２人の会話の一部である。[ア] に適する語句を，[イ] ～ [エ] にあてはまる数値を答えなさい。

太郎さん：図１の結果から抵抗器に流れる電流と電圧の関係は，比例していることが分かるね。これを [ア] の法則というよね。
花子さん：図１の結果から抵抗器Ａの電気抵抗は，[イ] Ωだね。
太郎さん：うん，そうだね。そして，抵抗器Ｂの電気抵抗は，30Ωだね。
花子さん：図２の回路の電流計には，0.20A 流れているから，抵抗器Ａにかかる電圧は，3.0V だね。
太郎さん：そうだよね。抵抗器Ｂの電圧は，電源の電圧 5.4V から抵抗器Ａにかかる電圧を引けば求められるね。
花子さん：じゃあ，抵抗器Ｂの電圧は分かるから，抵抗器Ｂを流れる電流は，[ウ] Ａだね。
太郎さん：ということは，抵抗器Ｃに流れる電流が求められるから，抵抗器Ｃの電気抵抗は，[エ] Ωだね。

3 次の資料１～６および説明文について，各問いに答えなさい。

［資料１］

＜説明文＞

資料１，イスラム教の聖地にある①カーバ神殿です。イスラム教における最高の聖地とみなされている聖殿であり，②イスラム教徒はこの神殿に向かって毎日礼拝します。また，この地への巡礼も義務の一つとされています。

問１　下線部①について，この神殿がある都市はどこか。次の**ア**～**エ**から１つ選び記号で答えなさい。

ア　メッカ　　**イ**　エルサレム　　**ウ**　カイロ　　**エ**　ローマ

問２　下線部②について，イスラム教徒が信仰している神は何か。神名を答えなさい。

［資料２］

＜説明文＞

資料２は，③唐の時代につくられた焼き物で，白・緑・黄を基調としています。この焼き物に見られる，西方から来たラクダや胡人などから，西方の人々との交流があり，唐の都は国際色豊であったことがうかがえます。

問３　下線部③の唐の時代について述べた文として適当なものを，次の**ア**～**エ**から１つ選び記号で答えなさい。

ア　都は大都（現在の北京）に置かれました。

イ　始皇帝の時，中国統一が実現しました。

ウ　日本と勘合貿易を行いました。

エ　玄奘がインドから新たな経典を持ち帰りました。

［資料３］

＜説明文＞

資料３の④人物は，免罪符で収入を得ようとしたローマ教皇の方針に抵抗して教会の改革を主張して⑤宗教改革を始めました。ドイツで始まった宗教改革はヨーロッパ全体に広がり，カトリック教会と対立するようになりました。

問４　下線部④について，**資料３**の人物名を答えなさい。

問５　下線部⑤について，この動きに対してカトリック教会内部の改革運動も盛んになった。改革運動の中心となったのがイエズス会であるが，この組織が勢力回復のために行ったことを説明しなさい。

［資料４］

＜説明文＞
資料４は，⑥アヘン戦争で，清の帆船が破壊され炎上しているようすを描いています。兵器の威力で勝るイギリスの攻撃によって，清は敗北しました。このあとイギリスは，⑦条約を結び，貿易港を増やしました。

問６　下線部⑥について，この戦争がおこった原因を次のようにまとめた。清政府がアヘン貿易を禁止することになった原因を考え，文中の〔　　　　　　〕にあてはまる文章を答えなさい。

イギリスは，自由貿易を推進するため，当時１港だけであった貿易港の拡大を求めたが実現しなかった。また，中国との貿易で茶の代金である銀の流出が多くなり輸入超過になったので，アヘン貿易を行うようになった。この結果，清国内で〔　　　　　　　　〕ので，清政府はアヘン貿易を禁止した。そのため戦争になった。

問７　下線部⑦について，南京条約が結ばれた。この条約で清がイギリスに譲った地域はどこか。地名を答えなさい。

［資料５］

＜説明文＞
資料５は，ピカソの「ゲルニカ」です。スペインのファシズム反対の政府に対して，フランコ将軍が反乱をおこし，内戦になりました。反乱軍を支持する⑧ドイツがゲルニカを無差別に攻撃しました。この絵は，この攻撃に対して，怒りと悲しみが描かれています。

問8　下線部⑧について，この頃のドイツの指導者はヒトラーである。ヒトラーについて述べた文として**適当でないもの**を，次の**ア**～**エ**から１つ選び記号で答えなさい。

ア　ヒトラーは，ユダヤ人などを強制収容所に連行し殺害しました。

イ　ヒトラーは，ワイマール憲法を制定しました。

ウ　ヒトラーは，ソ連と独ソ不可侵条約を結びました。

エ　ヒトラーは，日本やイタリアと同盟を結びました。

[資料６]

〈説明文〉

資料６は，⑨1964年のオリンピック東京大会の開会式の写真です。1940年のオリンピックを返上した日本及びアジア地域で初めて開催されたオリンピックで，日本の戦後復興と国際社会への復帰の象徴にもなりました。

問9　下線部⑨について，1960年代のできごととして適当なものを，次の**ア**～**エ**から１つ選び記号で答えなさい。

ア　政府は，環境庁を発足させて公害防止への取り組みを始めました。

イ　第一次石油危機がおこって日本の経済も打撃を受けました。

ウ　東京と新大阪間の東海道新幹線が開通しました。

エ　東日本大震災が発生し，地震と津波により未曾有の被害をもたらしました。

4 次の文章を読んで，各問いに答えなさい。

日本の政治が直面している課題は,「法律」「経済産業」「外交」「①安全保障」「政治改革」「教育文化」「資源･エネルギー」「震災復興」「環境」「②地域主権」，そして「③少子高齢化」などさまざまなテーマに分けることができる。

ところで，このような国政上の諸課題に対応するため，国民が選んだ国会議員が日々活動している場所が「④国会」である。地上波のテレビでは，NHK で「国会中継」が放送されているので，私たちも簡単に国会で行われている審議の一部を見ることができる。

一方，この放送を見ていて，次のようなことを疑問に思うなど，政治の仕組みがよく分からないという国民もいる。

「『国会中継』なのに，なぜ予算委員会がひんぱんに放送されているのだろう？」

「大臣が返答に困るとレクチャーしてくれるあの人物は誰なのか？」

「⑤首相や大臣の発言には『台本』のようなものがあるのだろうか？」

このように政治と国民との距離が心配されるなか, 2013 年 7 月の参議院議員選挙からインターネットによる⑥選挙運動が解禁され，政治家が⑦ SNS を積極的に活用し，国民に直接語りかける政治手法も出てきた。今後，この取組の充実は，政治と国民との距離を縮めることや，国民の政治的関心を高めることにつながるものとして期待されている。

かねてより⑧民主主義の実現は，政治的関心を含めた国民の民度に大きく左右されると指摘される。「そもそも国政は，国民の厳粛《げんしゅく》な信託《しんたく》によるものであって，その権力は国民の代表者がこれを行使し，その福利《ふくり》は国民がこれを享受《きょうじゅ》する。」。これは，⑨日本国憲法の前文に示されている理念であり，私たち国民はその意義を忘れてはならない。

［1］ 下線部①の「安全保障」について，以下の問いに答えなさい。

問 1 自衛隊に関する政府の見解について，次の文中の空欄（ 1 ）に適する数字を答えなさい。

自衛隊は，日本国憲法第（ 1 ）条が禁止する戦力ではなく，自衛のための必要最小限度の実力である

問 2 日本の安全保障をめぐる説明文として適当なものを，次の**ア**～**エ**から 1 つ選び記号で答えなさい。

ア 日本の防衛費予算の GDP に占める割合は低く，その支出額も少ないため，自衛隊の合憲《ごうけん》・違憲《いけん》に関する指摘はみられない。

イ 2015 年に安全保障関連法が成立するなどし，政府の憲法解釈《かいしゃく》により個別的自衛権の行使が限定的に認められることになった。

ウ 日本の防衛原則の一つに「文民統制」があるが，これにより，内閣総理大臣が自衛隊の最高指揮監督権を持っている。

エ 在日アメリカ軍基地の面積の約 74%が北海道にあり，これまで県外移設や基地の整理・縮小が度々話題になっている。

［2］ 下線部②の「地域主権」について，以下の問いに答えなさい。

問3 地方公共団体の仕事の具体例として**適当でないもの**を，次の**ア**～**エ**から１つ選び記号で答えなさい。

ア 県道や河川の整備　　　**イ** ごみの処理や住民登録

ウ 介護保険の運営　　　　**エ** 外交や防衛

問4 地方財政に関する**資料１・２**から読み取れる内容として適当なものを，次の**ア**～**エ**から１つ選び記号で答えなさい。

≪**資料１** 地方財政のしくみ≫

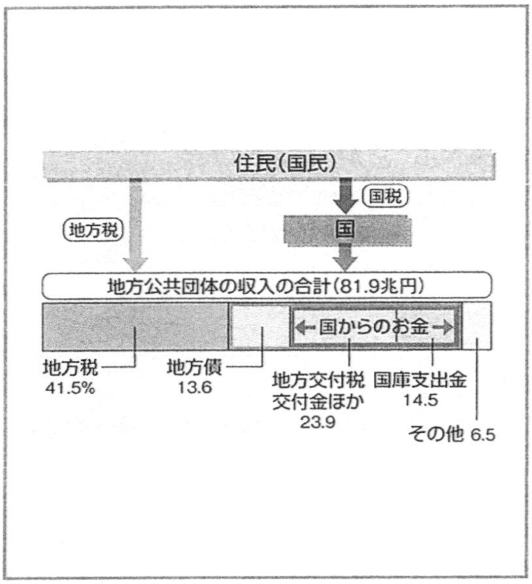

≪**資料２** 主な都府県の財政収入≫

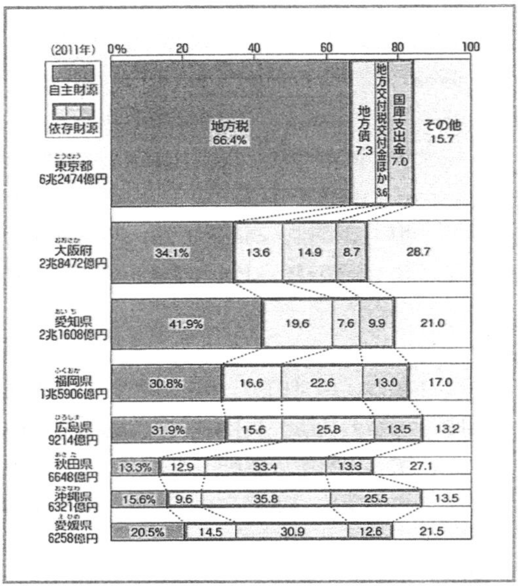

ア 住民が納める税金の納付先は地方公共団体だけである。

イ 地方公共団体の依存財源《ざいげん》の割合は年々低くなってきている。

ウ 各都府県の財政収入は，自主財源により約半分を確保できている。

エ 地方交付税交付金などの依存財源の割合は都府県によって異なっている。

次ページに続く→

［３］　下線部③の「少子高齢化」について，以下の問いに答えなさい。

問５　少子高齢化に関する**資料３・４**から読み取れる内容として適当なものを，次の**ア〜エ**から１つ選び記号で答えなさい。

≪資料３ 年齢別人口の推移と将来推計≫

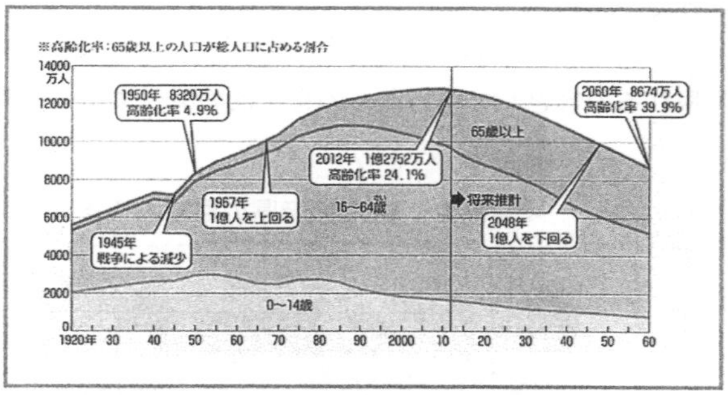

≪資料４ 各国の高齢化率の推移と将来推計≫

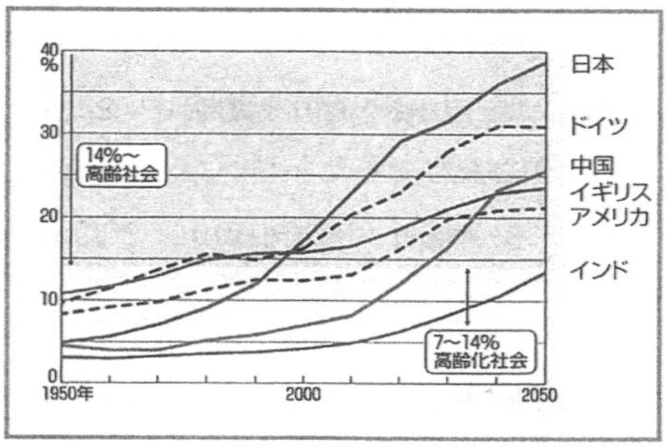

ア　2040年代には，日本の人口数がピークを迎えることが予想されている。

イ　15歳〜64歳の人口比率は，今後一貫して低下することが予想されている。

ウ　日本は，高齢化社会から高齢社会に突入するのに約50年かかっている。

エ　2020年，日本の高齢化率は約20パーセントまで上昇してきている。

［４］　下線部④の「国会」について，以下の問いに答えなさい。

問６　国会の仕事の具体例として**適当でないもの**を，次の**ア〜エ**から１つ選び記号で答えなさい。

ア　予算案の議決　　　**イ**　内閣総理大臣の任命

ウ　条約の承認　　　　**エ**　弾劾裁判所の設置

問７　**資料５**を参考にしながら，法律の成立過程の説明として適当なものを，次の**ア〜エ**から１つ選び記号で答えなさい。

≪資料５　法律ができるまで≫

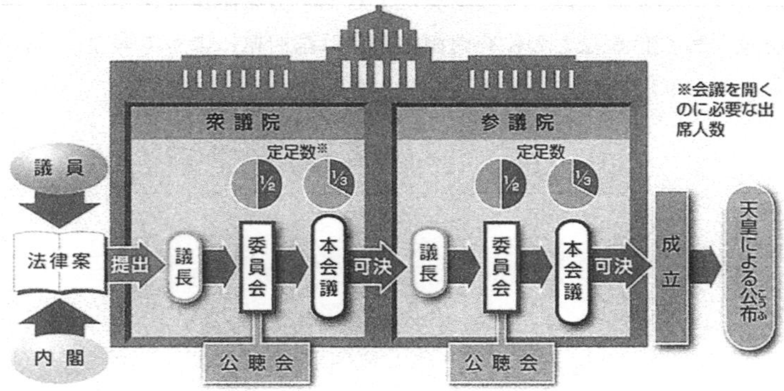

ア　法律案の決議は国会の仕事であり，内閣から法律案が提出されることはない。

イ　法律案の決議については，参議院が必ず先議することになっている。

ウ　国会で本会議を開くためには，過半数以上の出席人数が必要になっている。

エ　委員会での審議では，公聴会を開くことができることになっている。

［５］ 下線部⑤の「首相や大臣」について，以下の問いに答えなさい。

問８ 首相や大臣で構成される内閣の仕事の具体例として**適当でないもの**を，次の**ア～エ**から１つ選び記号で答えなさい。

ア 政令《せいれい》の制定　　**イ** 衆議院の解散

ウ 外交関係の処理　　**エ** 憲法改正の発議

問９ 内閣総理大臣に関する説明文について適当なものを，次の**ア～エ**から１つ選び記号で答えなさい。

ア 内閣総理大臣は，首長公選《しゅちょうこうせん》制により国民の直接投票により決まることになっている。

イ 内閣総理大臣は，国会による内閣不信任決議の場合を除いて辞職《じしょく》することはない。

ウ 内閣総理大臣は，国務大臣を任命することができるが，その過半数は国会議員でなければならない。

エ 内閣総理大臣は，国民の世論を代表して国政調査権に基づく証人喚問を行うことができる。

［６］ 下線部⑥の「選挙」について，以下の問いに答えなさい。

問10 日本の選挙制度の原則について**適当でないもの**を，次の**ア～エ**から１つ選び記号で答えなさい。

ア 制限選挙　　**イ** 秘密選挙

ウ 平等選挙　　**エ** 直接選挙

［７］ 下線部⑦の「SNS を積極的に活用し」について，以下の問いに答えなさい。

問11 情報通信技術を**アルファベット**で答えなさい。

問12 情報化社会の変化や課題についての説明文として**適当でないもの**を，次の**ア～エ**から１つ選び記号で答えなさい。

ア 情報・通信の歴史は，「口伝え→手紙→電話→携帯電話→スマートフォン」と変化し，その時代を生きる人々の生活や文化と密接に関わっている。

イ 情報化社会では，情報を正しく判断して活用する力が必要であり，この力のことを情報格差（デジタル・デバイド）という。

ウ 高度の情報化社会では，人々の行動が監視され記録され，個人のプライバシーが侵害される危険も高まる。

エ 情報通信技術の発達は，医師が少ない地域でも診察が受けることができる遠隔治療《えんかくちりょう》なども可能にしている。

［8］ 下線部⑧の「民主主義」について，以下の問いに答えなさい。

問 13 民主政治で起こりうる課題の具体例として正しいものを，次の（ⅰ）～（ⅲ）からすべて選んだとき，その組み合わせとして適当なものを，次の**ア～ク**から１つ選び記号で答えなさい。

（ⅰ）A 国では，国民の圧倒的な支持を得た人物による独裁的な政治がはじまった。

（ⅱ）B 国では，多数派の意見を優先した結果，少数派の人権侵害が発生した。

（ⅲ）C 国では，政治への無関心や不信感が高まり，投票率が低下してきた。

ア （ⅰ）

イ （ⅱ）

ウ （ⅲ）

エ （ⅰ）と（ⅱ）

オ （ⅰ）と（ⅲ）

カ （ⅱ）と（ⅲ）

キ （ⅰ）と（ⅱ）と（ⅲ）

ク 該当するものはない

［9］ 下線部⑨の「日本国憲法」について，以下の問いに答えなさい。

問 14 日本国憲法で保障されている基本的人権の説明文として**適当でないもの**を，次の**ア～エ**から１つ選び記号で答えなさい。

ア 自由権とは，国家などからの不当な干渉《かんしょう》や妨害を受けない権利をいう。

イ 平等権とは，誰もが個人として尊重され，平等な扱いを受ける権利をいう。

ウ 社会権とは，人権侵害に際し，その救済を受けることができる権利をいう。

エ 参政権とは，選挙権や請願権などを通じて政治に参加する権利をいう。

三

問一 a b

問二 ① ② ③

問三 (1) (2)

問四

問五

問六 ～

問七 (1) (2) (3)

問八

国語解答用紙

学科 科

受験番号 番

氏名

得点

※100点満点
(配点非公表)

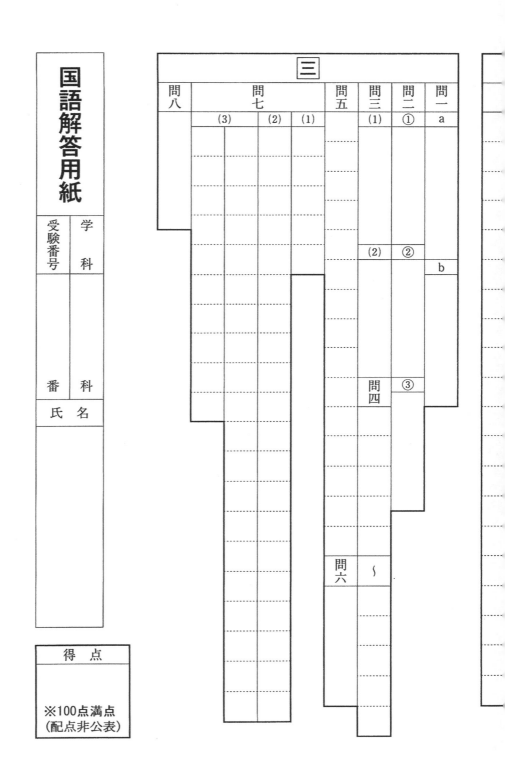

数学解答用紙

学科	科	氏名	
受験番号	番		

得点	※100点満点 （配点非公表）

1

(1)	(2)	(3)
(4)	(9)	
(5)		
(6) $x=$		
(7) $x=$		
(8)		

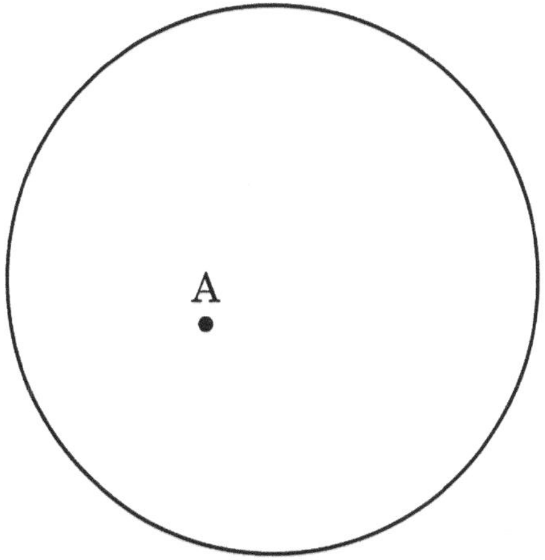

(1)	(2)

【解答

英語解答用紙

学科	科	氏名	
受験番号	番		

得点	※100点満点 （配点非公表）

1	(1)		(2)		(3)		(4)		(5)	
2	(1)		(2)		(3)		(4)		(5)	
3	(1)		(2)		(3)		(4)		(5)	
4	(1)		(2)		(3)					
	(4)		(5)							
5	(1)		(2)							
	(3)		(4)							
	(5)									

【解答

理科解答用紙

学科	科	氏名	
受験番号	番		

得点	※100点満点 (配点非公表)

1	(1)		(2)		(3)		(　　)
2	(1)	N	(2)	N	(3)		(　　)

3

	①	②	③		
問1				問2	

問3 マグマの（　　　　　　）が（　　　　　　）いから。

					(3) グラフA	グラフB
問4 (1)		(2)		(3)		

(　　)

(1)		(2)		(3)	

	①	②	③
(4)			

【解答

社会解答用紙

学科	科	氏名	
受験番号	番		

得点	※100点満点 (配点非公表)

1	問1		問2		問3			
	問4		問5		問6			
	問7		問8	C		D		
	問9		問10				問11	

2	問1		問2		問3	
	問4		問5		問6	
	問7		問8		問9	

問13		問14		問15	

3	問1		問2		問3	
	問4		問5			
	問6				問7	
	問8		問9			

4	問1		問2		問3	
	問4		問5		問6	
	問7		問8		問9	
	問10		問11		問12	
	問13		問14			

4

(5)

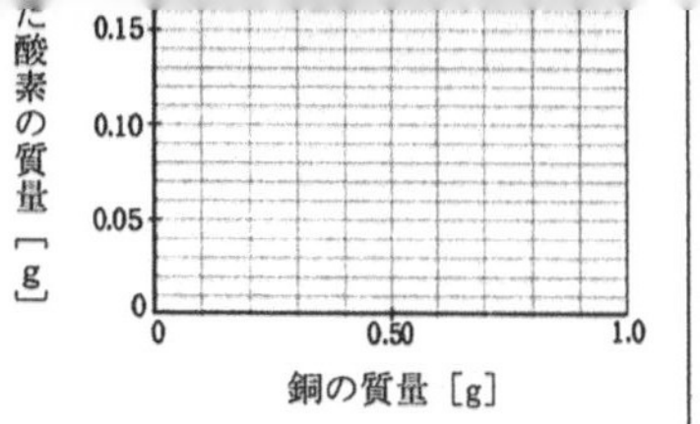

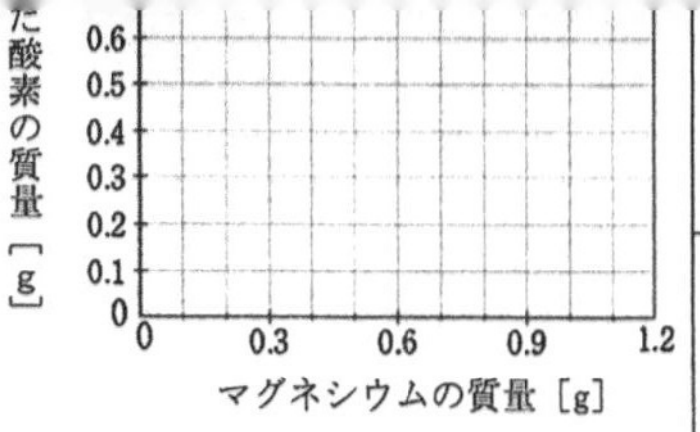

(6) マグネシウムの質量 ： 化合した酸素の質量 ＝（　　）:（　　）

(7)

(8)	⑦	⑧

（　　）

5								
Ⅰ	(1)		(2)		(3)		(4)	
Ⅱ	(1)		(2)		(3)		(4)	倍

（　　）

6							
(1)	秒	(2)		(3)	m/s	(4)	

（　　）

7				
(1)	hPa	(2)		
(3)	ア	イ	ウ	(4)

（　　）

8	ア	イ	ウ	エ
問				

（　　）

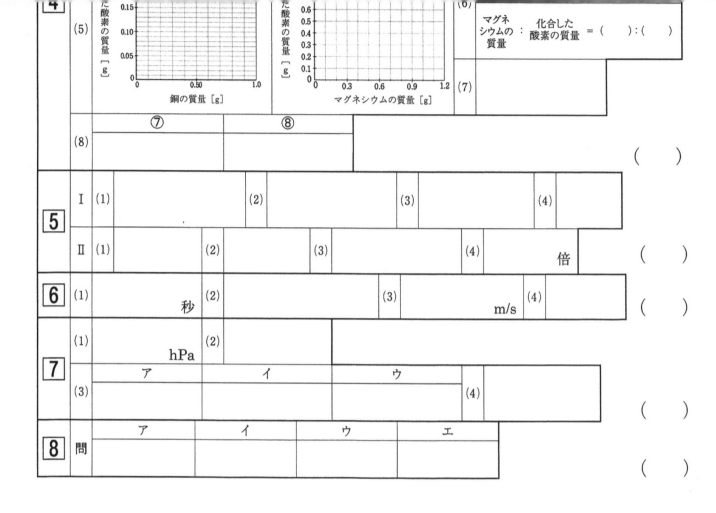

	(4)	3番目	5番目	(5)	3番目	5番目

7	(1)			(2)		
	(3)		(4)			

8	

9	問1		問2											
	問3	1		2		3		4		5		6		7
	問4													

10	問1		問2		問3		問4		問5	
	問6	①		②		③		④		⑤

[2] $a=$	$b=$, $c=$	

3	(1) cm²	(2) ア	イ cm
	ウ cm³	エ	オ cm
	カ cm	キ cm²	ク cm²

4	(1) C(,)	(2)	(3)
	(4)	(5) $t=$	(6) $x=$

5	(1) 通り	(2) 通り
	(3) 通り	(4)

6	[1]	(1)	(2)	(3)	(4)
		(5)	[2] 度	[3] cm²	

一

問一 a b c d

問二 A B

問三

問四 Ⅰ Ⅱ

問五

問六

問七

問八

問九

二

問一 a b c d

問二 A B C

問三

問四

問五

問六

問七

問八

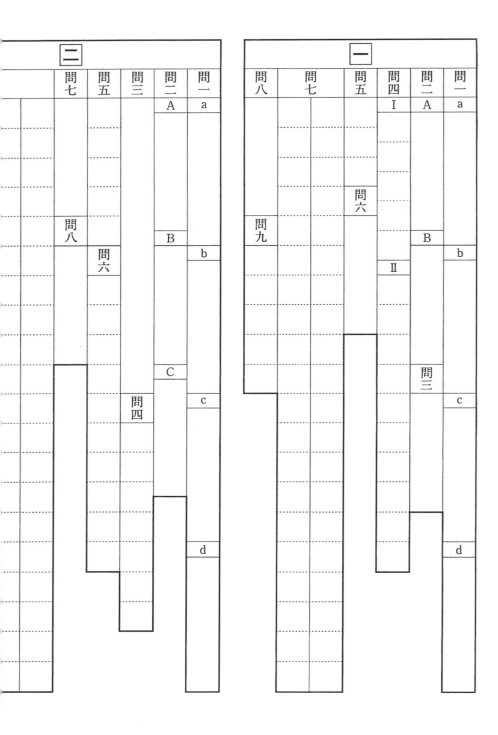

1　次の文章を読み，各問いに答えなさい。

地球は多くの①国や地域で構成されているが，そこでは，②気候や環境，③民族や宗教，④人口や食糧といったさまざまな諸問題を抱えている。また，これらはたがいに関連し影響し合い，問題をいっそう複雑化している。なぜなら，地球がひとつの球体だからである。わたしたち人類は，国家や民族などの枠をこえて「宇宙船地球号」の乗員であることを強く意識しなければならない。現代を生きる私たちには，一国の利益，すなわち「国益」だけではなく，全地球的な視点，すなわち「かけがえのない地球」というものの見方や考え方が求められているのである。

［1］　下線部①「国や地域」について，以下の問いに答えなさい。

図1

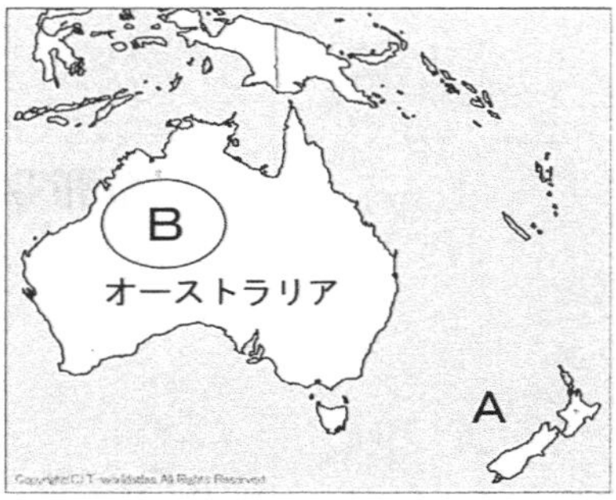

問1　図1中のAの国名を答えなさい。

問2　図1中のB地域に広がる砂漠名を，次の**ア**～**エ**から1つ選び記号で答えなさい。

ア　サハラ砂漠
イ　ゴビ砂漠
ウ　グレートサンディー砂漠
エ　タクラマカン砂漠

問3　オーストラリアの先住民の人々を何というか，次の**ア**～**エ**から1つ選び記号で答えなさい。

ア　マオリ　　**イ**　アイヌ　　**ウ**　イヌイット　　**エ**　アボリジニ

［2］　下線部②「気候や環境」について，以下の問いに答えなさい。

図2

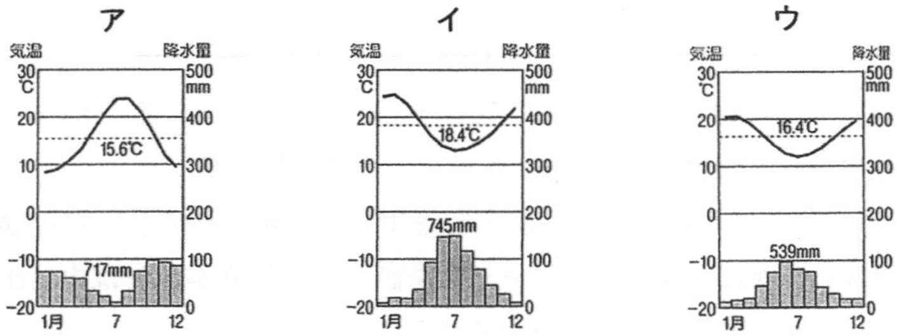

問4　図2の雨温図はローマ（イタリア），ケープタウン（南アフリカ共和国），パース（オーストラリア）のいずれかである。ローマに該当するものを，**図2**の**ア**～**ウ**から1つ選び記号で答えなさい。

問5　図2の雨温図**ア**～**ウ**に共通する気候名を答えなさい。

［3］下線部③「民族や宗教」について，以下の問いに答えなさい。

図3

問6　図3のように，ヒンドゥー教の信者が身を清めるためにガンジス川で行う行為を何というか答えなさい。

問7　ヒンドゥー教を信仰する人々のうち，もっとも多くの人が生活している国名を答えなさい。

［4］下線部④「人口や食糧」について，以下の問いに答えなさい。

問8　下の文章の（　C　），（　D　）にあてはまる語句を答えなさい。ただし，（　D　）は漢字4文字で答えなさい。

> 現在の日本では，多くの人口問題を抱えている。バブル期の大都市では，地価が高くなったため，都心の人口は減少し，郊外の人口が増加するといった（　C　）現象が起こったが，1990年代に地価が下がると，都市の再開発が進み，再び都市近くの人口が増加する都心回帰現象が起こった。一方で，農村部では人口減少と高齢化によって過疎化が広がり，その中には65歳以上の人口が過半数をしめている（　D　）とよばれる地域もみられ，対策が急がれている。

問9　図4はアメリカ，日本，エチオピアの出生率と死亡率の変化を表したグラフである。日本の出生率を示すものを，図4のア～ウから1つ選び記号で答えなさい。

問10　アジアやアフリカなどの発展途上国では食糧生産が追いつかないほどの急激な人口増加が起きている。このような状況を何というか漢字4文字で答えなさい。

問11　図5はいくつかの国における食糧自給率を示しており，ア～エには，アメリカ，オーストラリア，日本，イギリスのいずれかの国名が入る。日本にあてはまるものを，ア～エから1つ選び記号で答えなさい。

図4

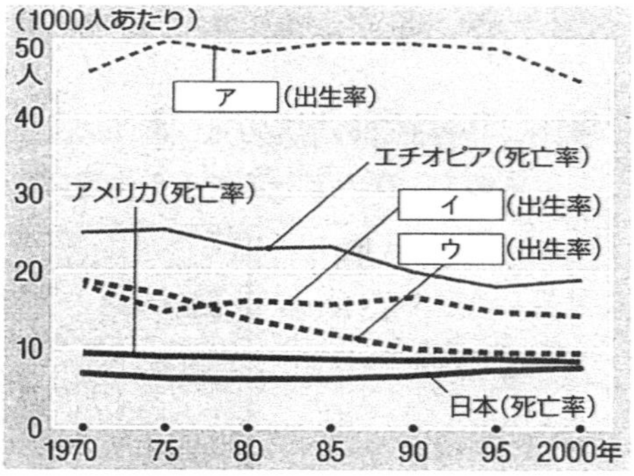

おもな国の出生率と死亡率の変化

図5

国名	食料自給率(%)
カナダ	255
ア	233
イ	131
フランス	130
ウ	68
エ	38

2 あるクラスで班別に，古代，中世，近世，近代，現代の食事について調べ学習を行いました。次のⅠ～Ⅴの文章を読み，各問いに答えなさい。

［Ⅰ　1班の発表］

> ①奈良時代の食事には，身分によって違いがあったようです。例えば，貴族の食事には，②ご飯の他につけものや焼いたあわび，えびの塩焼き，干したたこ，汁物などの多くのおかずがありました。一方，一般庶民の食事は，玄米と汁物のほかにおかずが一品程度だったそうです。
> また，藤原京跡からはほとんど出土しない箸《はし》が，③平城京跡から見つかっています。奈良時代の食事では箸が使われた証拠だといえます。

問１　下線部①について，奈良時代の貴族について述べた文として適当なものを，次の**ア**～**エ**から１つ選び記号で答えなさい。

ア　地方の貴族が国司に任命され，郡司と協力して人々を治めた。

イ　墾田永年私財法により開墾をすすめ，多くの荘園を持つようになった。

ウ　摂政・関白を中心とする政治を行い，記録にはかな文字を使った。

エ　一族の権力を示すため，近畿地方を中心に巨大な古墳をつくった。

問２　下線部②について，奈良時代の貴族の食事には海産物も多く使われていた。これらの海産物は税として都へ送られた。このように特産品や海産物を納める税として適当なものを次の**ア**～**エ**から１つ選び記号で答えなさい。

ア　租　　　**イ**　調　　　**ウ**　庸　　　**エ**　雑徭

問３　下線部③の平城京は，**図１**のような都であった。この都について述べた文として**適当でないもの**を，次の**ア**～**エ**から１つ選び記号で答えなさい。

図１

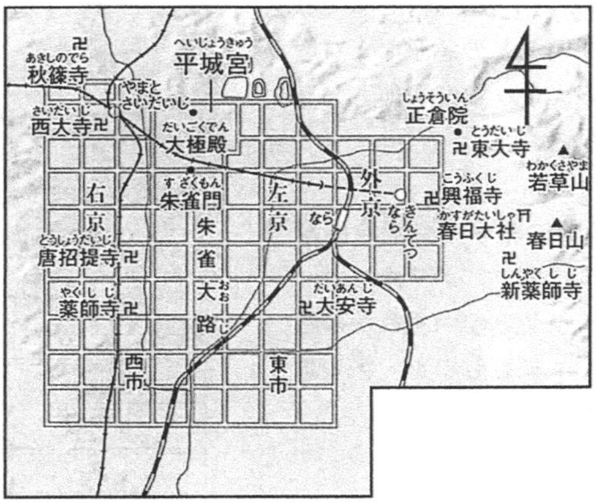

ア　都の北側に天皇の住む平城宮がある。

イ　右京の中には，唐招提寺や薬師寺がある。

ウ　左京の中には，東市が置かれ人々の生活を支えた。

エ　外京の中には，大仏や正倉院で有名な東大寺がある。

［Ⅱ　２班の発表］

④室町時代の食事では，豆腐や⑤そうめん，うどんなども一般に広まったといわれています。また，この時代には魚や肉を用いない精進料理など⑥禅宗の考えが食事に影響を与えていました。
民衆の生活にはお茶も広まり，銭一枚でお茶を提供する商売の様子が描かれた屏風も残されています。

問４　下線部④について，室町時代は争乱の時代でもあった。この時代に起こった争乱について述べた文として適当なものを，次の**ア**～**エ**から１つ選び記号で答えなさい。

ア　一向宗の信仰で固く結びついた武士と農民が，守護大名に対抗した。
イ　幕府軍は元軍の集団戦法や火薬に苦戦したが，退けることに成功した。
ウ　足軽鉄砲隊を使った集団戦法により，武田氏の騎馬隊が敗北した。
エ　後鳥羽上皇が幕府をたおすため兵をあげたが，敗れて隠岐に流された。

問５　下線部⑤について，この食事の変化は麦栽培が始まったことが背景にある。鎌倉時代から始まった方法で，米の裏作に麦をつくることを何というか，答えなさい。

問６　下線部⑥について，禅宗は鎌倉時代に日本に伝わった。座禅によって自分でさとりを開く禅宗を伝えた人物を，次の**ア**～**エ**から１つ選び記号で答えなさい。

ア　道元　　**イ**　法然　　**ウ**　親鸞　　**エ**　一遍

［Ⅲ　３班の発表］

江戸時代には，領主が⑦百姓の生活に細かな指示を与える⑧藩もありました。例えば，1830年に岩村藩（岐阜県）で出された百姓の生活の心得では，「百姓は麦，あわ，大根など雑穀をつくり，米を多く食いつぶさぬようにせよ」と定められました。
一方，大都市では，江戸時代の中ごろから屋台が広まりました。人々は，てんぷら，そば，うどん，すし，団子などの⑨外食を楽しんだようです。

問７　下線部⑦について，百姓たちは生活が苦しくなると，年貢の引き下げや商品作物の自由な売買などを，百姓一揆を起こして訴えた。
グラフ１は，江戸時代の百姓一揆の発生件数と気候の変化を示したものである。この**グラフ１**について述べた文として**適当でないもの**を，次の**ア**～**エ**から１つ選び記号で答えなさい。

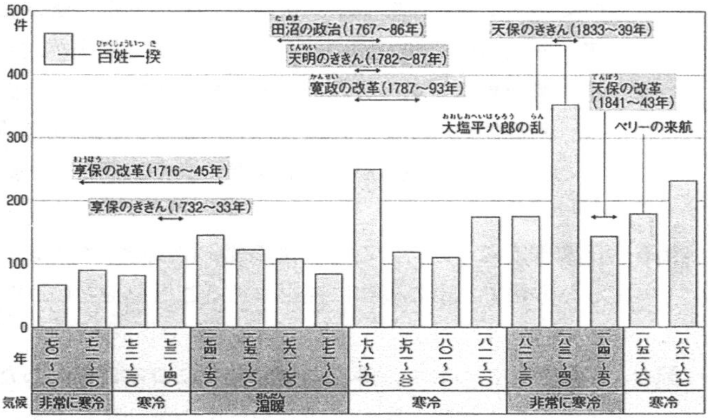

グラフ１

ア　ききんが起こった時期には，百姓一揆が増加する傾向にある。
イ　気候が温暖な時期には，百姓一揆が減少している。
ウ　気候が寒冷の時期には，百姓一揆が減少することはなかった。
エ　天明のききん以降，百姓一揆は100件以上発生し続けた。

問８　下線部⑧について，江戸時代の藩の様子を述べた文として**適当でないもの**を，次の**ア**～**エ**から１つ選び記号で答えなさい。
ア　将軍から１万石以上の領地を与えられた大名が，藩を支配した。
イ　5代将軍徳川綱吉の時代には，各藩でも武士の教育に力を入れるようになった。
ウ　19世紀には，薩摩藩や長州藩が財政立て直しの改革に失敗した。
エ　1866年に薩長同盟が結ばれ，倒幕を目指す態勢が整えられた。

問９　下線部⑨について，大都市で庶民が外食を楽しんでいる様子は浮世絵にも描かれている。化政文化では多色刷りの浮世絵が登場し，人々の人気を集めた。この浮世絵で富嶽三十六景などの風景画を描いた人物を答えなさい。

［Ⅳ　４班の発表］

明治時代には，⑩西洋の文化や制度を多く取り入れて近代化が進められ，日本人の食事にも大きな変化が生まれました。大都市では，牛鍋を食べられる店も開業しました。
⑪産業革命が始まり⑫資本主義経済が発達すると，農家でも現金の支出が増えてきました。その結果，借金で農民が土地を失うことも多かったようです。そして，小作人となった農民たちは収穫高の半分を地主に納めたため，食べるものに困ることもあったようです。

問 10　下線部⑩について述べた文として**適当でないもの**を，次の**ア**～**エ**から１つ選び記号で答えなさい。

ア　明治政府は富国強兵をスローガンにかかげ，殖産興業を進めた。
イ　積極的に外国人技術者を招いて，官営模範工場をつくった。
ウ　新橋・横浜間に鉄道を開通させ，郵便制度も導入した。
エ　満 20 歳以上のすべての平民男女に３年間の兵役を義務付けた。

問 11　下線部⑪について述べた文として適当なものを，次の**ア**～**エ**から１つ選び記号で答えなさい。

ア　日清戦争前後に重工業の分野が，日露戦争前後に軽工業の分野が発展した。
イ　日清戦争の賠償金の一部をあてて，富岡製糸場が設立された。
ウ　産業の発展と軍事目的のため，明治政府はすべての鉄道を民営化した。
エ　紡績業・製糸業で働く女子労働者の労働環境は，悪かった。

問 12　下線部⑫について，資本主義の発展にともなって貧困や差別をはじめとするさまざまな社会問題が表面化した。労働運動も増えてきたため，明治政府は 1900 年に労働運動をとりしまる法令を発布した。この法令を答えなさい。

［V　５班の発表］

⑬太平洋戦争後，モノ不足，食料不足が深刻で、戦争中から続いていた配給もとどこおり、全国各都市に闇市ができました。その後，日本は⑭高度経済成長期に入り，食文化が変化しました。1971年にはハンバーガー店が初めて開店し,若者の食生活に影響を与えました。さらに，⑮1980年ごろになると，主食の米飯を基本としながら，肉や野菜などを加えた適度にバランスのよい食事になっていきました。

問13　下線部⑬について，太平洋戦争後の占領期における日本の様子として**適当でないもの**を，次の**ア**～**エ**から１つ選び記号で答えなさい。

ア　連合国軍総司令部（ＧＨＱ）のもと日本政府が政治を行う間接統治が行われた。

イ　物価が上昇するデフレーションにより，都市住民が農村に買い出しに行くようになった。

ウ　20歳以上の男女に選挙権が与えられ，労働組合法や労働基準法も制定された。

エ　教育基本法の制定，民法の改正，財閥解体，農地改革など民主化が進んだ。

問14　下線部⑭について，高度経済成長期の日本の外交として適当なものを，次の**ア**～**エ**から１つ選び記号で答えなさい。

ア　日本政府は大韓民国と日韓基本条約を調印し，国交正常化を達成した。

イ　池田勇人内閣が非核三原則を国の方針と定めて，沖縄返還を達成した。

ウ　田中角栄内閣が日中平和友好条約を調印し，中国との国交正常化を実現した。

エ　日ソ中立条約を調印してソ連との国交が回復し，国際連合加盟を果たした。

問15　下線部⑮の1980年代は，国際情勢が大きく変化し，日本も影響を受けた時期であった。特に，1989年はベルリンの壁が取り払われ，アメリカとソ連の対立が終結した年であった。この長年続いてきたアメリカとソ連の対立を**漢字２文字**で答えなさい。

令和３年度

宮崎学園高等学校　入学試験問題

社　　会

（令和３年１月２７日　時間：45分）

（　注　　　意　）

１　「始め」の合図があるまで，このページ以外のところを見てはいけません。
２　問題用紙は，表紙を除いて15ページで，問題は４題です。
３　「始め」の合図があったら，まず解答用紙に受験学科名および受験番号，氏名を記入し，次に問題用紙のページ数を調べて，異常があれば申し出なさい。
４　答えは，必ず解答用紙の答えの欄に記入しなさい。
５　印刷がはっきりしなくて読めないときは，だまって手をあげなさい。問題内容や答案作成上の質問は認めません。
６　「やめ」の合図があったら，すぐに鉛筆をおき，解答用紙だけを裏返しにして，机の上におきなさい。

1 　血管はどのように分布し，血液がどのように流れているかを調べるための実験を行った。次の (1) ～ (3) の問いに答えなさい。

① ヒメダカを水といっしょに小さなポリエチレンの袋に入れ，顕微鏡のステージにのせる。

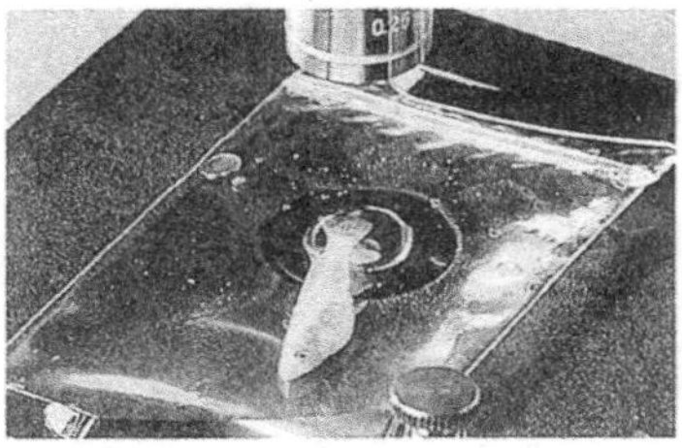

② 尾びれの部分を 100 ～ 150 倍で観察する。

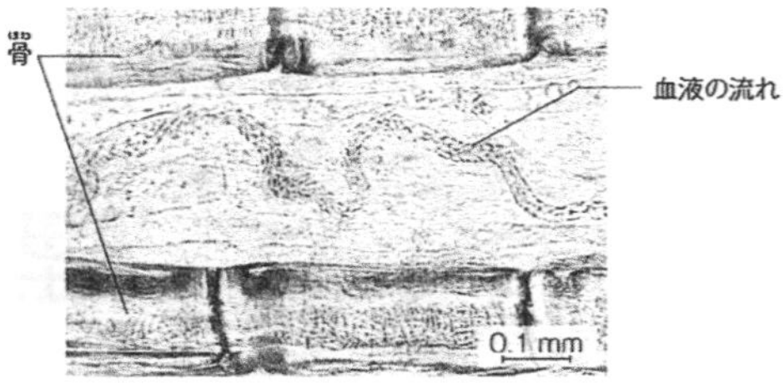

(1)　心臓から送り出された血液が流れ，壁が厚く弾力性がある血管を何というか。名称を答えなさい。

(2)　実験観察で，血液中をたくさんの赤くて丸い粒が流れていた。この赤くて丸い粒の名称を答えなさい。

(3)　血液の固形成分には，さまざまな成分があり，その１つが白血球である。白血球のはたらきとして正しいものを，次の**ア**～**エ**から１つ選び，記号で答えなさい。

ア　酸素を運ぶ。
イ　ウイルスや細菌などの病原体を分解する。
ウ　出血したとき血液を固める。
エ　栄養分や不要な物質をとかしている。

2　図１のような質量 200g，高さ 5.0cm の直方体のおもりを使って，浮力の大きさについて調べるための［実験］を行った。100g の物体にはたらく重力の大きさを 1N として，次の（1）～（3）の問いに答えなさい。

［実験］

① 図２のように，おもりをゆっくりと容器の水面まで下げて，おもりの底面と水面との距離 x を 0cm とした。

② 図３のように，おもりをゆっくりと下げて水中に入れ，おもりの底面と水面との距離 x を 0cm から 6.0cm まで動かした。距離 x を 1.0cm ずつ大きくするたびにニュートンばねばかりの目盛りを読み取り，表のような結果を得た。

表

おもりの底面と水面との距離 x〔cm〕	0	1.0	2.0	3.0	4.0	5.0	6.0
ニュートンばねばかりの目盛り〔N〕	2.0	1.9	1.8	1.7	1.6	1.5	ア

図１

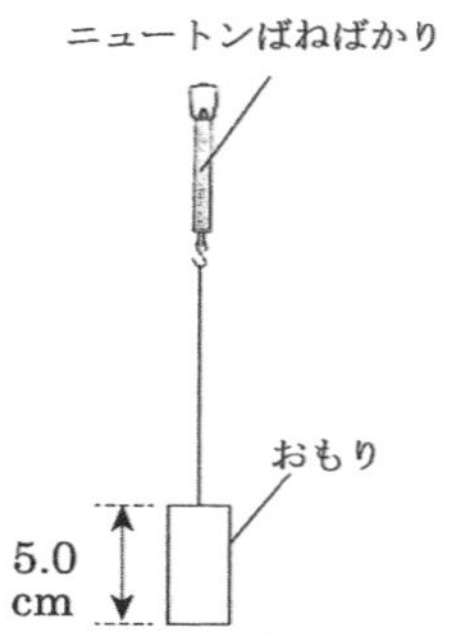

図２

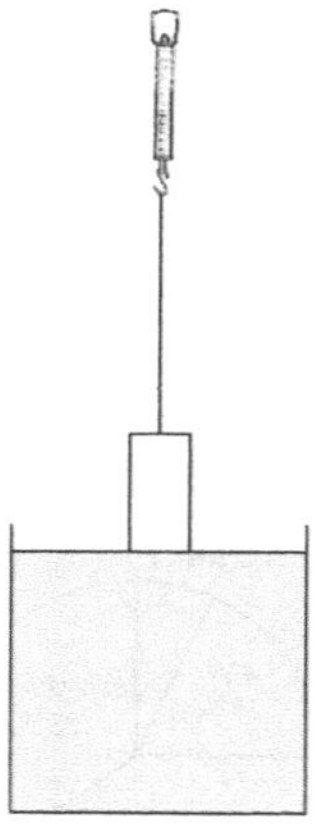

図３

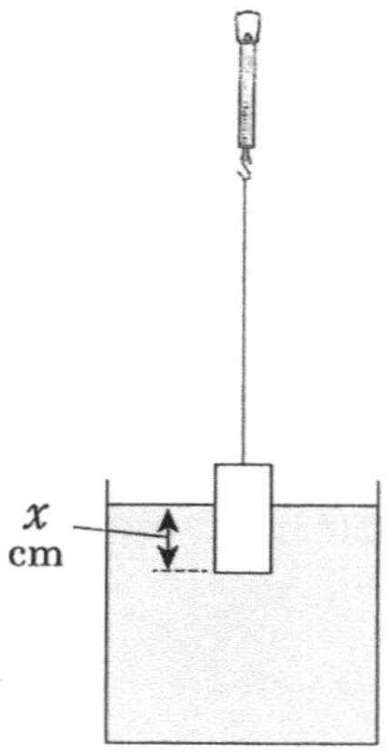

図４

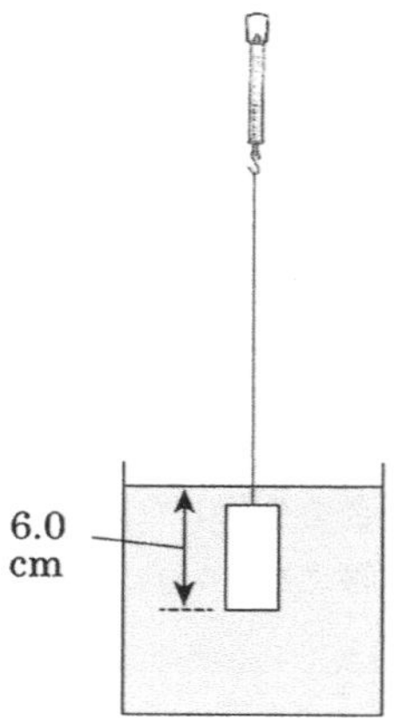

（1） おもりにはたらく重力の大きさは何 N か答えなさい。

（2） $x = 3.0$ cm のとき，おもりが水から受ける浮力の大きさは何 N か答えなさい。

（3） 表のアにあてはまる数値を答えなさい。

3　**地球内部の構造について次の文を読み，問１～問４に答えなさい。**

火山の地下には，高温のために岩石がどろどろにとけたマグマがある。マグマが上昇して噴火が起こると，火口から火山噴出物が噴出する。これには，粒子の直径が（　①　）mm以上の火山れき，それより小さい火山灰，（　②　）や二酸化炭素を含む火山ガスなどがある。
火山の形はマグマの性質によってちがいがあり，aドーム状に盛り上がった形を形成するものや，b傾斜がゆるやかな形を形成するものなどがある。
マグマが冷え固まって岩石になったものを（　③　）という。これには火山岩とc深成岩がある。

問１　文章中の（　①　）～（　③　）に適語を入れなさい。

問２　下線部aの形をしている日本の火山の例と火山噴出物の色の組み合わせで正しいものを１つ選び記号で答えなさい。

ア　桜島で色は白っぽい　　**イ**　桜島で色は黒っぽい
ウ　平成新山で色は白っぽい　　**エ**　平成新山で色は黒っぽい

問３　下線部bの形になるときは，どのようなマグマの性質のためか。これについて簡単に説明した次の文の（　）に適語を入れなさい。

マグマの（　　　　）が（　　　　）いから。

問４　下線部cについて，右の**グラフA**と**グラフB**は，日本のある火山でとれた岩石にふくまれる鉱物の割合を分析した結果である。これについて次の問いに答えなさい。

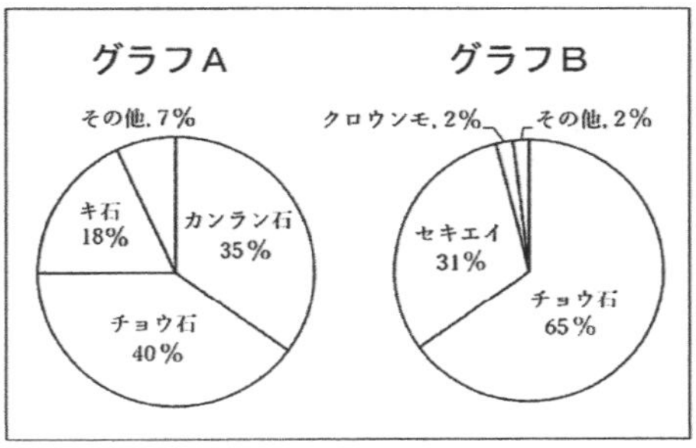

(1)　**グラフA**の「その他」以外の鉱物について，有色鉱物を次の**ア**～**ウ**から<u>すべて</u>選び，記号で答えなさい。

ア　カンラン石　　**イ**　チョウ石　　**ウ**　キ石

(2)　**グラフB**の岩石を細かく砕《くだ》き，これに磁石を近づけると引きつけられた粒がわずかに存在した。引きつけられた粒は何か。次の**ア**～**エ**から１つ選び，記号で答えなさい。

ア　アルミニウム　　**イ**　炭素　　**ウ**　硫黄　　**エ**　磁鉄鉱

(3)　**グラフA**と**グラフB**の岩石は何か。それぞれの名称を答えなさい。

4　あきらさんとじゅんさんは，銅の粉末およびけずり状のマグネシウムをガスバーナーで加熱する実験を行い，加熱前の金属の質量および質量が変化しなくなるまで加熱した後の物質の質量の値を測定した。表１，表２はそれぞれの質量を測定した結果である。表および実験後の会話文をもとに，次の（1）～（8）の問いに答えなさい。

表１　銅を用いた場合

銅の質量〔g〕	0.40	0.60	0.80
加熱後の物質の質量〔g〕	0.50	0.75	②
化合した酸素の質量〔g〕	①	0.15	0.20

表２　マグネシウムを用いた場合

マグネシウムの質量〔g〕	0.60	0.90	1.20
加熱後の物質の質量〔g〕	1.00	1.50	2.00
化合した酸素の質量〔g〕	0.40	③	0.80

［会話文］

あきらさん：すごいね，アマグネシウムを加熱すると，激しく光や熱を発生したよ。
じゅんさん：電線などに使われている銅は，そんなに激しくなかったよ。マグネシウムとは変化のようすがちがうんだね。
先　生：表から，金属の質量と化合した酸素の質量との関係をグラフに表してみましょう。
じゅんさん：銅とマグネシウムでグラフを比べてみようよ。
あきらさん：変化の様子は異なっていたけれど，このグラフを見ると，イ共通するきまりがあるね。他の金属や物質ではどうなのかな。
じゅんさん：他の物質でも調べてみたいね。

(1)　下線部アのあとにできた白い物質の名称を答えなさい。

(2)　銅の粉末をじゅうぶんに加熱したとき，銅は赤色からある色に変化した。ある色と同じ色の物質をア～エからすべて選び，記号で答えなさい。

ア　炭酸水素ナトリウムを加熱した後に得られる固体
イ　砂糖を変化が止まるまでじゅうぶんに加熱して得られる固体
ウ　鉄粉と硫黄を加熱し，反応後に得られる固体
エ　うすい硫酸とうすい水酸化バリウム水溶液を混ぜ合わせて得られる固体

(3)　下線部**ア**のように，マグネシウムが空気中で光や熱を出しながら酸素と反応する様子を表すモデルとして最も適当なものを次の**ア**～**エ**から１つ選び，記号で答えなさい。ただし，●はマグネシウム原子，○は酸素原子を表しています。

ア　　●　＋　○　　→　●○
イ　●　●　＋　○○　→　●○　●○
ウ　　●　＋　○○　→　○●○
エ　●　●　＋　○　　→　●○●

(4)　**表１**および**表２**の①～③にあてはまる数値を答えなさい。

(5)　**表１**および**表２**より，銅の質量と化合した酸素の質量との関係およびマグネシウムの質量と化合した酸素の質量との関係を表すグラフをそれぞれ書きなさい。

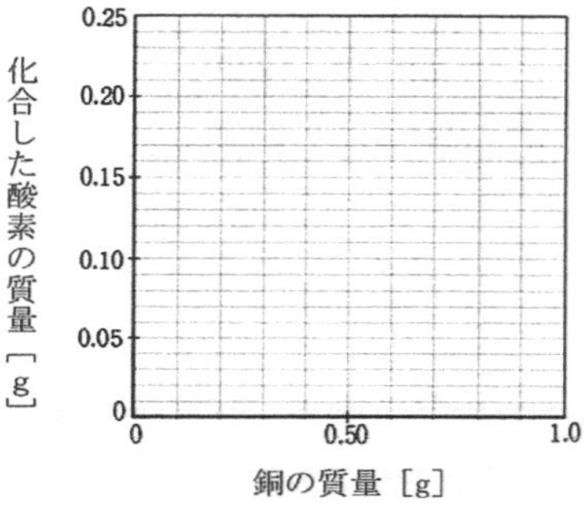

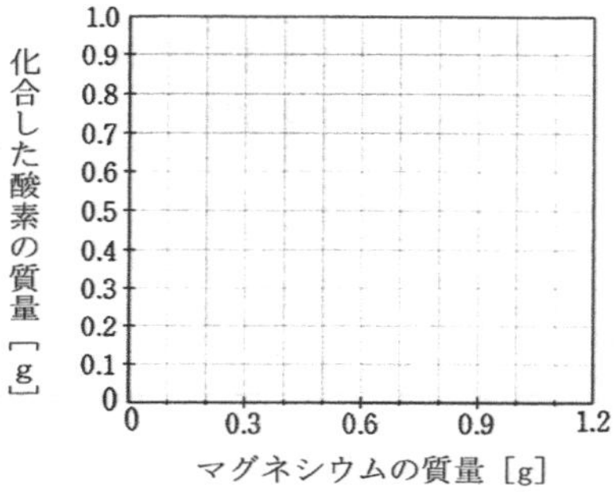

(6)　**表１**および**表２**より，銅の質量およびマグネシウムの質量と，化合した酸素の質量の比を最も簡単な整数比で答えなさい。

銅の質量：化合した酸素の質量＝（　　　）：（　　　）
マグネシウムの質量：化合した酸素の質量＝（　　　）：（　　　）

(7)　下線部**イ**のような共通するきまりとは，どのようなものか。物質と酸素が結びつくときの質量の割合について，次の文の（　X　）に適語を入れなさい。

化学変化に関係する物質の質量の割合は，つねに（　X　）である。

(8)　金属に関する次の文の（　⑦　），（　⑧　）に入る適語を，次の**ア**～**キ**からそれぞれ１つずつ選び，記号で答えなさい。ただし，同じ番号には同じ語句が入ります。

自然界で，多くの金属は化合物として存在し，金属を材料として使用するには，金属を（　⑦　）として取り出さなければならない。例えば，金属の酸化物を（　⑧　）することにより，金属の（　⑦　）を取り出すことができる。大量の熱エネルギーや電気エネルギーを消費して取り出された金属の（　⑦　）は，電気・電子部品の材料等に利用される。

ア　酸化　**イ**　還元　**ウ**　化合　**エ**　分離　**オ**　イオン　**カ**　単体　**キ**　混合物

令和３年度

宮崎学園高等学校　入学試験問題

理　　科

（令和３年１月２７日　時間：45分）

（　注　　　意　）

1　「始め」の合図があるまで，このページ以外のところを見てはいけません。

2　問題用紙は，表紙を除いて10ページで，問題は８題です。

3　「始め」の合図があったら，まず解答用紙に受験学科名および受験番号，氏名を記入し，次に問題用紙のページ数を調べて，異常があれば申し出なさい。

4　答えは，必ず解答用紙の答えの欄に記入しなさい。

5　印刷がはっきりしなくて読めないときは，だまって手をあげなさい。問題内容や答案作成上の質問は認めません。

6　「やめ」の合図があったら，すぐに鉛筆をおき，解答用紙だけを裏返しにして，机の上におきなさい。

9 Kai と Tom がある国について話をしています。次の会話を読んで，後の問いに答えなさい。

Kai :Hi, Tom. How are you today?

Tom : I'm great, thank you! Can I ask you some questions about *beaches in this country?

Kai : Sure! What would you like to know?

Tom: I've seen many types of beaches around the country, but (1)<u>some have different *colored sand.</u> Do you know why?

Kai: Great question! The color of a beach *depends on the type of *material the sand comes from. For example, the beaches in the *area A are *mostly brown because some sand is from rocks which *flowed to the sea from mountains and rivers, and some is made by *shells and *coral *crushed by the waves.

Tom: Interesting. I also *noticed some areas have black sand.

Kai : That's right. The black sand comes from the black rocks. The area B may have many volcanoes. When *lava gets cool, it changes into black rock.

Tom: Do you know how many beaches have black sand?

Kai : Let's look *online together.

<Looking at a Graph On the Internet>

Tom: Do you know what this graph means?

Kai : It shows the number of beaches and their colors. Black sand beaches are *the second most common beach in this country. The most common beach color is brown. White sand beaches are lowest because they are mostly found around the area C, the islands in the south. And *the reason why they are white is because they are mostly made of coral.

Tom: That's very interesting. Thank you very much.

*beach 砂浜　*colored sand 色のついた砂　*depend on~ ～次第である　*material 原料
*area 地区　*mostly ほとんど　*flowed flow 「流れる」の過去形　*shell 貝
*coral サンゴ　*crush ぶつかる　*notice 気づく　*lava 溶岩　*online オンラインで
*the second most common ２番目によくある　*the reason why~ ～の理由は
*made of~ ～でできている

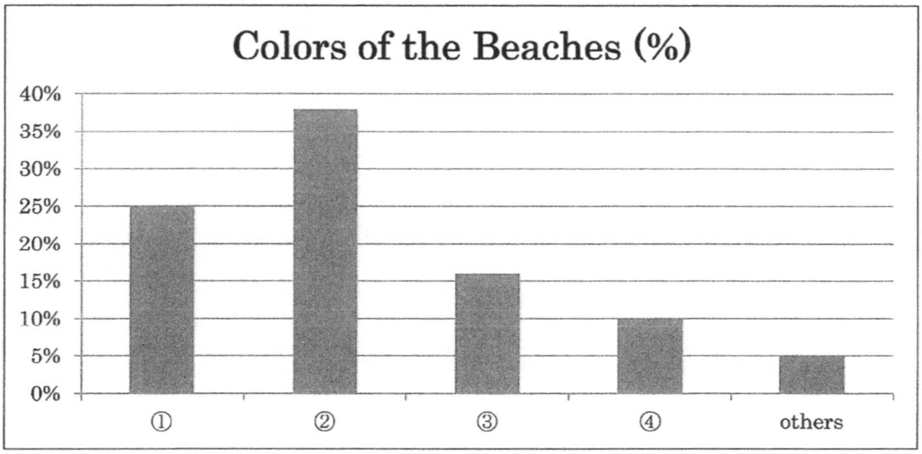

6 次の日本文に合うように（　　）内の語を並べ替えて３番目と５番目にくる語句の記号を書きなさい。ただし、文頭にくる語も小文字にしてあります。

(1) 私はその物語を読んでとても悲しくなりました。

（ア read　イ story　ウ to　エ sad　オ the　カ very　キ became　ク I）.

(2) あなたは次の日曜日に机を作るつもりですか。

（ア going　イ Sunday　ウ you　エ desk　オ a　カ make　キ next　ク are　ケ to）?

(3) ケンは私に彼の家族の写真を見せてくれました。

（ア showed　イ of　ウ a　エ me　オ family　カ his　キ Ken　ク picture）.

(4) この自転車はその５台の中で最も大きい。

（ア biggest　イ the　ウ bike　エ the five　オ of　カ is　キ this）.

(5) 私たちは３日前に伝統的な椎葉の料理を食べました。

（ア ago　イ traditional　ウ we　エ Shiiba dishes　オ days　カ ate　キ three）.

7 次の日本語の意味に合うように，（　　）にそれぞれ適切な１語を入れなさい。

(1) 私の父は英語もフランス語も両方話せます。

My father can speak (　　　) English (　　　) French.

(2) これらの本は彼女のものです。

These books (　　　)(　　　) her.

(3) わたしは病気なので、行けません。

I can't go (　　　) I am sick.

(4) あなたはそのとき何をしていましたか。

What (　　) you doing (　　)?

8 将来あなたが就きたい職業とその理由を、以下の条件に従って書きなさい。

○ ３文以上の英文で書くこととします。
○ 各文はそれぞれ３語以上とします。
○ 符号（,.?! など）は、語数に含みません。

1 次の各組で，下線部の発音が他の３つと異なるものを１つ選んで，記号で答えなさい。

(1) ア same　イ last　ウ later　エ place

(2) ア bread　イ teach　ウ please　エ each

(3) ア cook　イ took　ウ foot　エ moon

(4) ア weather　イ those　ウ through　エ together

(5) ア works　イ plays　ウ knows　エ runs

2 次の各組で，最も強く発音する部分の位置が他の３つと異なるものを１つ選んで，記号で答えなさい。

(1) ア for-get　イ be-fore　ウ Ja-pan　エ sec-ond

(2) ア yes-ter-day　イ No-vem-ber　ウ his-to-ry　エ li-bra-ry

(3) ア i-de-a　イ an-oth-er　ウ eve-ry-thing　エ to-mor-row

(4) ア in-ter-est-ing　イ dic-tio-nar-y　ウ ex-pe-ri-ence　エ su-per-mar-ket

(5) ア dan-ger-ous　イ an-i-mal　ウ sud-den-ly　エ af-ter-noon

3 (　　) 内の適切なものを選び、記号で答えなさい。

(1) We enjoyed (ア talked　イ talking　ウ to talk) with Ms. Green last night.

(2) Ken wants (ア go　イ going　ウ to go) to Kyoto.

(3) This is (ア best　イ most　ウ the best　エ the most) movie I've ever seen.

(4) My brother left home without (ア eating　イ to eat　ウ ate) breakfast.

(5) (ア Do　イ Does　ウ Did) you call me last night?

4 次の各文の (　　) 内の語を適切な形に変えなさい。ただし１語とは限りません。

(1) My father usually (get) home at eight.

(2) This song is (sing) at Christmas.

(3) They have (be) here since last Friday.

(4) I have a lot of things (do) today.

(5) Ken and his friends (be) in the classroom yesterday.

5 次の各組の文がほぼ同じ意味になるように (　　) にそれぞれ適切な１語を入れなさい。

(1) この写真は誰が撮ったのですか？
Who took this picture?
= Who was this picture (　　　) (　　　)?

(2) 私はあなたに新しいノートを買ってあげました。
I bought you a new notebook.
= I bought a new notebook (　　　) (　　　).

(3) あなたをそんなに楽しくさせたものは何ですか？
What made you so happy?
= (　　　) were you so happy?

(4) 私の財布の中にはお金がありません。
I have no money in my wallet.
= (　　　) (　　　) (　　　) any money in my wallet.

(5) あなたは病院で走り回ってはいけません。
Don't run around in the hospital.
= You (　　　) (　　　) (　　　) around in the hospital.

令和３年度

宮崎学園高等学校　入学試験問題

英　　語

（令和３年１月２７日　時間：45分）

（　注　　　意　）

1　「始め」の合図があるまで，このページ以外のところを見てはいけません。
2　問題用紙は，表紙を除いて６ページで，問題は10題です。
3　「始め」の合図があったら，まず解答用紙に受験学科名および受験番号，氏名を記入し，次に問題用紙のページ数を調べて，異常があれば申し出なさい。
4　答えは，必ず解答用紙の答えの欄に記入しなさい。
5　印刷がはっきりしなくて読めないときは，だまって手をあげなさい。問題内容や答案作成上の質問は認めません。
6　「やめ」の合図があったら，すぐに鉛筆をおき，解答用紙だけを裏返しにして，机の上におきなさい。

3 右の図のような四角形 ABCD があり，
AB＝6cm，BC＝4cm，CD＝3cm，DA＝5cm で，
∠ABC＝∠BCD＝90° です。

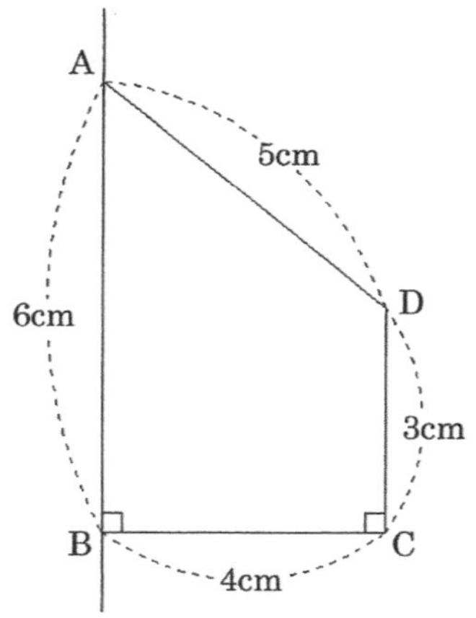

次の問いに答えなさい。

(1) 四角形 ABCD の面積を求めなさい。

(2) 次の【先生からの問題】とその解き方についての【花子さんと太郎さんの会話】の文章を読んで，[　　]のアとエには適する図形の名称を，その他の[　　]には適する数値を入れなさい。ただし，円周率は π とします。

> **【先生からの問題】**
> 上の四角形 ABCD を，直線 AB を軸として 1 回転させてできる立体 P を考えます。
> この立体 P の体積と表面積を求めなさい。

> **【花子さんと太郎さんの会話】**
>
> **花子：** 立体 P は円錐と[ア]をくっつけたような形になるわ。体積はそれぞれの体積を合計すれば求められると思う。
>
> **太郎：** そうだね。底面は半径が[イ]cm の円になるから，それぞれ計算して合計すると，立体 P の体積は[ウ]cm³ になるよ。いいかな？
>
> **花子：** 私も体積はそれが正解だと思う。後は表面積だけど，どう考えればいいの？
>
> **太郎：** 展開図を考えるといいはずだよ。立体 P を展開図にすると，3 つの平面図形ができる。1 つは底面になる円で，残り 2 つは……。
>
> **花子：** ちょっと待って。わかった！ 長方形と[エ]ね。
>
> **太郎：** そうそう。それらの面積を合計すれば立体 P の表面積が求まるよね。
>
> **花子：** 長方形は，縦の長さが 3cm，横の長さは[オ]cm になるはずだから，面積はすぐに計算できるけど，[エ]の方はどう求めればいいかしら？
>
> **太郎：** 弧の長さに注目するといいよ。[エ]は半径が[カ]cm の円の一部になるから，弧の長さを考えて計算すると，面積は[キ]cm² になるよ。
>
> **花子：** なるほど。それで 3 つの面積を合わせて，立体 P の表面積は[ク]cm² になるということね。これで大丈夫ね。

2 次の問いに答えなさい。

［1］ 次の連立方程式を解きなさい。

(1) $\begin{cases} x + 2y = 5 \\ 3x - y = 8 \end{cases}$

(2) $\begin{cases} 10x - 30y = -100 \\ \dfrac{x}{3} + \dfrac{y}{4} = \dfrac{5}{12} \end{cases}$

［2］ 50 人が在籍するクラスで 50 点満点のテストをしました。テストは 10 点問題が 5 題出題され，点数は 10 点刻みです。その結果をまとめたものが右の表です。

クラスの状況を調べたところ，中央値が 25 点，平均値が 26 点でした。次の問いに答えなさい。

得点(点)	度数(人)
50	4
40	c
30	b
20	a
10	11
0	1
計	50

(1) a の値を求めなさい。

(2) b，c の値を求めなさい。

1 次の問いに答えなさい。

(1) $-2-(-9)$ を計算しなさい。

(2) $\frac{12}{5} \div \left(-\frac{3}{4}\right)$ を計算しなさい。

(3) $(-3^2)-(-5)^2$ を計算しなさい。

(4) $2ax^2+10ax-48a$ を因数分解しなさい。

(5) $(\sqrt{3}-2)(\sqrt{3}+2)$ を計算しなさい。

(6) $3x^2-8x+2=0$ を解きなさい。

(7) 比例式 $3:(7-x)=2:5$ について，x の値を求めなさい。

(8) y は x に反比例していて，$x=2$ のとき，$y=6$ です。x と y の関係式を求めなさい。

(9) 下の図のように，円とその内部の点Aがあります。線分ABの長さが最も長くなるような円周上の点Bを，定規とコンパスを用いて作図して求めなさい。

ただし，作図に用いた線などは消さずに残しなさい。また，分度器や三角定規の角度を使用してはいけません。

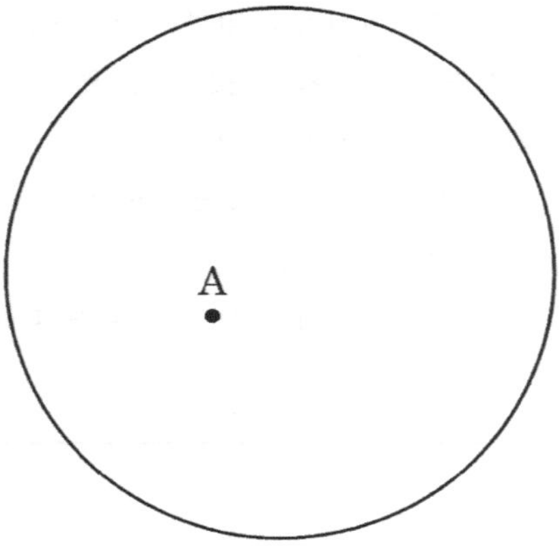

2021(R3) 宮崎学園高
教英出版

令和３年度

宮崎学園高等学校　入学試験問題

数　　学

（令和３年１月２７日　時間：45分）

（　注　　　意　）

１　「始め」の合図があるまで，このページ以外のところを見てはいけません。

２　問題用紙は，表紙を除いて６ページで，問題は６題です。

３　「始め」の合図があったら，まず解答用紙に受験学科名および受験番号，氏名を記入し，次に問題用紙のページ数を調べて，異常があれば申し出なさい。

４　答えは，必ず解答用紙の答えの欄に記入しなさい。

５　印刷がはっきりしなくて読めないときは，だまって手をあげなさい。問題内容や答案作成上の質問は認めません。

６　「やめ」の合図があったら，すぐに鉛筆をおき，解答用紙だけを裏返しにして，机の上におきなさい。

問三　傍線部①「この言葉」とは何をさしているのか。該当する部分を抜き出して答えなさい。

問四　傍線部②「本当に満足する旅行ができる」ためには何が必要だと筆者は述べているか。七字以内で抜き出して答えなさい。

問五　傍線部③「これほどまでに気を遣う」とあるが、どのようなことに「気を遣う」のか。該当する一文を抜き出して、最初の五字を答えなさい。

問六　傍線部④「書は人なり」とあるが、それを言い換えている部分はどこか。該当する部分を十字以内で抜き出して答えなさい。

問七　傍線部⑤「書道では、正しい手本をひたすらまねることが求められる。」とあるが、それはなぜなのか。最も適切なものを次の**ア**～**エ**から一つ選び、記号で答えなさい。

ア　ひたすらまねて書くことにより、自然と手本と同じ字が書けるようになって、人間的成長につながるから。

イ　何度もまねることにより、正しい筆順や字の形や筆の使い方が身につき、人にほめられる作品がつくれるから。

ウ　嫌なことでもひたすら学び続けることが大事で、精神的にも肉体的にも人間的に大きく成長できるから。

エ　書道の先生の指導方法を厳格に受けることによって、その先生と同等以上の指導者になることができるから。

問八　本文の内容に合うものを、次の**ア**～**エ**から一つ選び、記号で答えなさい。

ア　手紙は自分の気持ちが伝わるのであれば、手書きでなくてもよい。

イ　書道は手本をまねて練習することにより、自分の書が確立される。

ウ　何事も見て確認することが大事で、事前の下調べや勉強は不要である。

エ　自分の人生において大切なことは、現代の偉人のことを学ぶことである。

問九　傍線部⑥「とりあえずは下手でもかまわない。面倒がらずに、まごころを込めて一字一句、丁寧に手で書く気持ちこそ大切なのではあるまいか。」とあるが、この考え方についてあなたはどう思いますか。六十字以上八十字以内で書きなさい。

三 **次の文章を読んで、後の問いに答えなさい。**
（設問の都合上、一部表記を改めた箇所がある。）

> 次の文章は、小松《こまつ》の僧都《そうず》という人が、まだ修行中だったころ、鞍馬寺《くらまでら》（注1）に参籠《さんろう》したときの話である。「参籠」（注2）とは、一定の期間、神社や寺にこもって祈願《きがん》することである。

「三日ばかり参《まゐ》らん（三日ほど参籠しよう）」とて、「同じくは（同じことなら）七日参らん」とて、参り給《たま》ふほどに（参籠なさるうちに）、三七日に延《の》べて（二十一日間に延長して）、「同じくは夢など見るまで」（注3）とて、百日参り給ふほどに、夢見ねば（夢を見ないので）、二、三百日参りて、同じくは千日参るに、夢見ねば、「Aさりとては、いかでかさるやうはあらん（そうかといって、どうしてそのようなことがあるだろうか、いや、ない）」とて、二千日参るほどに、aなほ夢見ねば、三千日参り歩《あり》くに、夢見えず。はかばかしくなるとおぼゆることもなし（期待したように物事が進むという様子もない）。「縁《えん》こそはおはしまさざるらめ（鞍馬寺の仏さまと私は縁がないのだろう）。この御寺見むこと、ただ今宵《こよひ》ばかりなり（今夜だけである）。ただ、三千日、ことなく参り果てたるをにてあらん（無事に参籠が終わったことを本願《ほんがん》としよう）」とて、行《おこな》ひ（注4）もせず、額《ぬか》もつかで、苦しければ、倚《よ》り臥《ふ》して（もたれて横になり）、よく寝入《ねい》りにけるに、B夢に見るやう、御帳《みちやう》（注5）の帷《かたびら》を引き開《あ》けて、「まことに、かく年ごろ（長い間）参り歩きつるに、①いとほし。これ得《え》よ（これを受けよ）」とて、C物を賜《た》べば（くださるので）、左右の手を広げて給はれば（いただいたところ）、白き米をひと物入れさせ給へり（手のひらいっぱい入れてくださった）と見て、驚きて（目が覚めて）、手を見れば、まことに左右の手に、ひと物入りたり。「②あな、いみじ」と思ひて、「夢見ては、疾《と》くこそ出《い》づなれ（見たら、早く退出するものだそうだ）」とて、やがて（すぐに）出づるに、後《うしろ》にそよと鳴りて（後ろでさわさわと音がして）、人の気色《けしき》（気配）、足音す。「あやし」と思ひて、見返《みかへ》りたれば、毘沙門《びさもん》(注6)の、矛《ほこ》を持ちて送り給ふなりけり(見送りなさるのだったよ)。御顔をば外様《ほかざま》(外)に向けて、矛して(矛で)、疾《と》く行けとおぼしくて(早く行けというように思われて)、突かせ給ふと見て、D急ぎて出《い》でにけり。

Eさてより後(それより後)、ただすずろに(ただいつのまにか)、③おのづから、「物を食はばや(食べたい)」と思へば、めでたくbしするゑて(置いて)、きとは得ぬ(さっと手に入れた)。「手もあらばや(人手がほしい)」と思へば、すずろに出《い》で来《く》。衣《きぬ》も何も着むと思へば(着物でも何でも着よう)、ただ思ふに従ひて、さまざまに出《い》で来《き》ければ、せん方《かた》もなく(どうしようもなく)、楽しき人にておはしけり。

(『古本《こほん》説話集《せつわしゅう》』より)

注1　鞍馬寺　…　現在の京都市左京区にある鞍馬寺《くらまでら》。
注2　祈願　…　神や仏に願いごとをして祈ること。
注3　夢　…　当時は、夢の多くは神や仏のお告《つ》げであり、夢で見たことが実現すると信じられていた。
注4　行ひ　…　勤行《ごんぎょう》。仏前で経《きょう》を読んだりすること。
注5　御帳の帷　…　仏前にたれ下げてある布。
注6　毘沙門　…　毘沙門天《びしゃもんてん》のこと。鞍馬寺の本尊《ほんぞん》(寺の中央に安置され、信仰の対象として最も重んじられる仏像)。

問一　二重傍線部a「なほ」・b「しすゐて」を現代仮名づかいに改め、ひらがなで書きなさい。

問二　傍線部①「いとほし」・②「あな、いみじ」・③「おのづから」の本文中での意味として最も適切なものを、次の**ア**～**エ**からそれぞれ一つずつ選び、記号で答えなさい。

①
ア　惜しい
イ　立派だ
ウ　かわいそうだ
エ　愚かなことだ

②
ア　ああ、ひどい
イ　ああ、驚いた
ウ　ああ、うれしい
エ　ああ、すばらしい

③
ア　自然に
イ　本当に
ウ　自分から
エ　思い通りに

問三　波線部Aについて、次の問いに答えなさい。

(1)　「さりとては、」をわかりやすく説明するとどうなるか。最も適切なものを次の**ア**～**エ**から一つ選び、記号で答えなさい。

ア　夢を見たいと強く思ったからといって、
イ　夢を見る方法がわからないからといって、
ウ　千日間も参籠する予定がないからといって、
エ　千日間参籠しても夢を見ないからといって、

(2)　「いかでかさるやうはあらん」とあるが、小松の僧都はどのように思ったのか。最も適切なものを次の**ア**～**エ**から一つ選び、記号で答えなさい。

ア　夢を見るにはどうしたらよいだろうか、あきらめずに参籠しなければならない。
イ　夢のお告げがないのはどうしてだろうか、これ以上参籠しても無理なのかもしれない。
ウ　どうして夢を見ないことがあろうか、そのうちきっと夢のお告げがあるにちがいない。
エ　どうしても夢を見なければならないのだろうか、参籠することが本来の目的であったはずだ。

問四　波線部Ｂ「夢に見るやう」とあるが、小松の僧都はどのような夢を見たのか。その夢の内容にあたる部分を本文中から抜き出して、最初と最後の五字を答えなさい。

問五　波線部Ｃ「物を賜べば」とあるが、仏（毘沙門天）は何をくださったのか。十五字以内で答えなさい。（ただし、句読点は字数に含まない。）

問六　波線部Ｄ「急ぎて出でにけり」の主語はだれか。最も適切なものを次の**ア**～**オ**から一つ選び、記号で答えなさい。

ア　作者　　**イ**　小松の僧都　　**ウ**　仏（毘沙門天）

エ　他の僧侶たち　　**オ**　世間の人たち

問七　波線部Ｅ「さてより後」について、次の問いに答えなさい。

(1)　「さてより後」とは、何の後のことか。五字以内で答えなさい。（ただし、句読点は字数に含まない。）

(2)　その後、小松の僧都にどのようなことが起こったのか。二十字以内で答えなさい。（ただし、句読点は字数に含む。）

(3)　なぜ、そのようなことが起こったのか。その理由を三十字以内で説明しなさい。（ただし、句読点は字数に含む。）

問八　『古本説話集』は、平安時代末期から鎌倉時代初期に成立したとされている。次の**ア**～**カ**から鎌倉時代に成立した作品を一つ選び、記号で答えなさい。

ア　枕草子　　**イ**　万葉集　　**ウ**　竹取物語

エ　古事記　　**オ**　徒然草　　**カ**　源氏物語

令和五年度

宮崎学園高等学校　入学試験問題

国　語

（令和五年一月二十五日　時間：四十五分）

（注　　意）

1 「始め」の合図があるまで、このページ以外のところを見てはいけません。

2 問題用紙は、表紙を除いて十一ページで、問題は三題です。

3 「始め」の合図があったら、まず解答用紙に受験学科名および受験番号、氏名を記入し、次に問題用紙のページ数を調べて、異常があれば申し出なさい。

4 答えは、必ず解答用紙の答えの欄に記入しなさい。

5 印刷がはっきりしなくて読めないときは、だまって手をあげなさい。問題内容や答案作成上の質問は認めません。

6 「やめ」の合図があったら、すぐに鉛筆をおき、解答用紙だけを裏返しにして、机の上におきなさい。

一　次の文章を読んで、後の問いに答えなさい。

高校一年生の咲良《さくら》は、中学二年までバレーボール強豪校のアタッカーとして活躍していた。全国大会にも出場したが、自分のミスをきっかけに準決勝で敗退し、そのやりきれない思いをマネージャー（シューコ）にぶつけ、チームメイトとの関係も壊し、バレーボールをやめたという過去がある。
次の文章は、現在陸上部のマネージャーをしている咲良が、大会を前に一年生との交代を告げられ落ち込むリレーメンバーの三年生大黒《だいこく》を励ます場面である。

「大黒先輩」
予想はしていたが返事はない。天野からは励ましてこいと言われ、直《なお》からもそれを[a]促されたが、咲良はなんの言葉も用意していなかった。それどころか、行き先はバレー部が練習している第一体育館で、まるで気は進まなかった。
唯一、興味をひかれていたのが、大黒スポットだった。どんなものか見てみようと思ったのに、それも期待はずれな代物《しろもの》だ。それでも座っている部分に注目すると、確かに大黒のお尻ひと周り外側からへこんでいるようではある。お尻がすっぽりと入っているのだろう。長い月日の間に、大黒が作り出したプライベートスポットであるらしかった。
「隣いいですか」
返事を期待したわけではなかったので、言いながら座ったが、やはり無言だ。
「ここ、[b]居心地いいですか」
お尻の下は土なので、コンクリートの熱や硬さはない。さらに壁に背中をもたれさせられるのも楽そうだ。直射日光も差さず、風もいい具合に抜けていって、涼やかでもある。けれども咲良にとっては気になることがあった。
「私にとっては全然よくないんですけど」
目の前は体育館だ。扉は半分くらい開いてはいるが、角度のせいで中は見えない。それでもボールの音やかけ声は、はっきりときこえる。なにより先ほどから匂いが鼻にまとわりついている。ボールの皮とシューズの裏のゴムがすれる匂い、汗と、シップと、サポーターの内側の匂い。
実際には、匂っていないのかもしれないが、それらが、記憶と一緒に[X]まざまざと迫ってきていた。
「うわーっ、思い出すわ」
咲良は思わず膝《ひざ》に顔をうずめた。体じゅうに力が入る。実際これ以上思い出したくなかった。つらいというより、苦しいに近かった。いや苦しいというより、痛い。でもいちばん強く感じるのは恥ずかしさだった。体の中身がきゅっと縮むくらいの恥ずかしさがこみ上げて、胸の[c]鼓動がスピードを上げた。
「うわーっ」
①咲良は両手で腕を抱えて、地団駄《じだんだ》を踏むみたいに足をばたばたさせた。
「どうした？」
ふと大黒の声がきこえた。シンプルに驚いたみたいな声だった。ふいにやってきて隣に座った人間が、いきなりもがき苦しみ出したのだから無理もない。
「私、中学までバレー部だったんです」

顔を上げないまま、咲良は言った。

「ふうん」

大黒は鼻先だけで返事をした。

「結構強かったんです。千里《せんり》中学校では全国大会まで行きました」

「千中、ねえ」

名前に思い当たったのだろう、大黒の返事には少しだけ感情が乗った。

「アタッカーで、『ハガサク』なんて呼ばれてました。鋼《はがね》の咲良っていう意味です。アタックも気持ちもめっちゃ強いから」

咲良は気持ちが強い、というところを特に強調した。そうしないと体育館からもれてくる、バレーボールに負けてしまいそうだったのだ。

「私は一年生のときからレギュラーで、スタメンでこそなかったけど、目をかけられた選手でした。私が入ると試合の流れが変わる。なにしろ鋼ですから、みんな引きしまるんです。それでその年は、ベスト８に入りました」

胸にこみ上げてくる苦みを呑《の》み込みながら、咲良は続けた。

「誰もが次は優勝だと思っていました。もちろん、私もです。ベスト８の力はあるのだから、あとは気持ちが強い方が勝つ」

実際、全国大会にはd特有の雰囲気があった。能力と体格に恵まれ、さらに厳しい練習を重ねた選《よ》りすぐりの選手たちが集まる大会だ。空気に呑まれてしまう選手は少なくない。自他ともに認める鋼だったはずの咲良もまた、例外ではなかった。

「でも、全国大会の準決勝で負けました。私のせいです。やることYなすこと裏目に出て、途中で監督の声はきこえなくなった。ミスを重ねて、狙《ねら》われて、負けました。自分の鋼で自分をぶった切ったんです」

ぶった切ったのは、咲良自身だけではなかった。チームワークもぶった切った。そして……。

「ファイトッ」

「ファイトッ」

体育館から、ボールが床に叩きつけられる音とともに、かけ声が響いている。後輩たちやマネージャーの声だろう。自然、シューコの顔が思い出された。涙をこらえた勝気そうな目。

「なのに私、チームが負けたことをマネージャーのせいにしました」

②絞り出すように言った咲良に、ちらっと大黒は横目を流した。

「いえ、先輩（注1）のことを言っているんじゃないです」

嫌味《いやみ》を言ったつもりではなかったので、咲良はすぐさま取りつくろった。そうしながら小刻みに打っていた動悸《どうき》がおさまっているのに気がつく。さっきまで、耳に激しく響いていた音や匂いが、さほど気にならなくなっている。それどころか、すんなりと体に入ってくるようだ。懐かしさというより、まだしっかりとある記憶と結びついて、心が高鳴ってさえいた。これもまた身に覚えのある感覚だ。練習の心地よいテンション。

咲良は小さく息をついた。と、

「鋼は、自分を切ることがある」

大黒が静かに言った。③それはなにかに気がついたような声でもあった。

「なるほど」

かみしめるようにつぶやいて、宙を見つめる。

「俺はもっと強くなるべきだと思っていた。今きみが言ったように強いメンタルこそが、試合を制するのだと思っていた。本番に弱いのは、俺の心が弱いからだとばかり思ってたんだが、強さが災いすることもあるのか」

「ありますよ。あの、両方切れる刃ってやつ」

咲良は大きな刃物を振りかざすしぐさをしてみせた。

「(　A　)」

「ああ、それ。相手も切るけど自分も切る。自分だけじゃなくて、チームワークもぶった切るし、人との絆《きずな》もぶった切る」

反省を込めるには勢いがつきすぎた声で、咲良は言った。④しかし気分は悪くなかった。

「えへへ」

急に恥ずかしくなって空笑《そらわら》いをする。心に残るむず痒《がゆ》さをごまかすように。

「ふっ」

その顔がおかしかったのか⑤大黒もやっと笑った。

(まはら三桃『疾風の女子マネ!』より)

注1　先輩のこと…大黒が、タイムが上がらない原因をマネージャーの咲良のせいにしたことを指す。

問一　二重傍線部a～dの漢字の読みを答えなさい。

問二　波線部X「まざまざと」・Y「裏目に出て」の意味として最も適切なものを次の**ア**～**エ**から一つずつ選び、記号で答えなさい。

X　まざまざと

ア　過去の出来事として懐かしく
イ　自分の意志とは関わりなく
ウ　現実のことのようにはっきりと
エ　敵意をむき出しにするように

Y　裏目に出て

ア　努力が裏切られる形で
イ　予想とは逆の結果になって
ウ　相手との対立を生み出し
エ　人目につくようになり

問三　傍線部①「咲良は両手で腕を抱えて、地団駄を踏むみたいに足をばたばたさせた」における咲良の心情を説明したものとして最も適切なものを次の**ア**～**エ**から一つ選び、記号で答えなさい。

ア　バレーボールの音や匂いにかつての思い出したくない記憶がよみがえり、耐えがたい恥ずかしさに襲われている。
イ　体育館から聞こえてくるバレーボールの音に懐かしさを感じ、やめてしまったことを後悔している。
ウ　久しぶりにバレーボールの練習の気配を間近で感じ、中学時代の厳しい練習を思い出して苦しくなっている。
エ　近づくことを避けていた体育館から、案の定バレーボールの音がして、一刻も早く立ち去りたいと思っている。

問四　傍線部②「絞り出すように言った」について次の問いに答えなさい。

（１）ここに用いられている表現技法の名称を漢字二字で書きなさい。

（２）ここでは咲良のどのような様子が表現されているか。三十字以内で答えなさい。（ただし、句読点は字数に含む。）

問五　傍線部③「それはなにかに気がついたような声でもあった」とあるが、このとき大黒はどのようなことに気がついたと考えられるか、本文中の言葉を用いて四十五字以内で答えなさい。（ただし、句読点は字数に含む。）

問六　文中の空欄（　Ａ　）に当てはまる言葉として最も適切なものを次の**ア**～**オ**から一つ選び、記号で答えなさい。

ア　伝家《でんか》の宝刀《ほうとう》　**イ**　背水の陣　**ウ**　付け焼き刃《ば》

エ　切羽《せっぱ》詰まる　**オ**　諸刃《もろは》の剣《つるぎ》

問七　傍線部④「しかし気分は悪くなかった」・⑤「大黒もやっと笑った」の記述からは、咲良と大黒の気持ちの変化が読み取れ、この後の行動面における変化も推測できる。それを説明した次の文の空欄に当てはまる言葉を、後の【資料】から二十五字以内で抜き出して書きなさい。

> 咲良と大黒は、柔軟な気持ちを持って、（　　　　　　　　　）ようになると推測できる。

【資料】

〈書き下し文〉

柔弱《じゅうじゃく》は剛強《ごうきょう》に勝つ。（「老子」上篇36）

〈解説〉

（井出元『「老子」にまなぶ人間の自信』より）

※設問の都合上、一部表記を改めた箇所がある。

二　次の文章を読んで、後の問いに答えなさい。

（設問の都合上、一部表記を改めた箇所がある。）

膨張している「ネット人格」（注1）の存在は、今後地球上のリアルなヒトの進化―つまり「変化と選択」にどのようなａエイキョウを与えるのでしょうか。

ある研究者は「シンギュラリティ（ＡＩがヒトの能力を超えてしまう技術的な転換期）」が起こり、ヒトの仕事の半分近くはＡＩに取って代わられると予測しています。このシンギュラリティにより①ヒトが仕事を失って不幸になるのか、あるいはロボットに助けられて幸せになるのかは、あまり議論されていませんが、どちらかと言うと不安を煽《あお》るような見方で「将来消えてしまう職業」というような報道が多いと思います。現在、その「将来消えてしまう職業」に就いている人はいい気分ではないですね。

逆に、ＡＩの進出で将来増える職業はあるのかというと、システムエンジニアとかプログラマーとかとなりますが、こちらもＡＩ自身によるプログラミングが進むと、ヒトはもはやそれも理解できなくなる可能性があります。（　Ａ　）確実に職業の選択肢が減るのです。

このように考えると、あまり良いところはなさそうです。さらにはＡＩとうまく共存していかないと、逆に生きにくくなる可能性があります。こうなるとＡＩは便利な道具というよりは、ヒトより知能が進んだエイリアン的存在となりますね。そして進化的には、ＡＩとうまく付き合える人が「選択」されるのかもしれません。一番困るのは、ＡＩが何かの理由、例えば新型コンピュータウイルスなどで使えなくなると、もうどうにもなりません。

もう少し、ＡＩと共存していく社会について、考えてみましょう。ＡＩは何らかの答えを出してくれますが、問題はその答えが正しいかどうかのｂケンショウをヒトがするのが難しいということです。大切なことは、何をＡＩに頼って、何をヒトが決めるのかを、しっかり区別することでしょう。

よく使われるものとして、データをコンピュータに学習させて、それを基に分析を行う機械学習型のＡＩがあります。これは過去の事例からの条件（重み付け）にあった最適な答えを導き出すので、その学習データの質で答えが変わってきます。画像診断ＡＩのように、見落としがないかなど医師の診断を助ける道具としては非常に役に立ちます。ただ、例えば過去の事例にないケースの判断は難しいのですが、その場合には「正解を知っている」医師が判断すればいいので問題はありません。

機械学習型ではなく、ＳＦ映画に登場するヒトのように考える汎（注2）用型人工知能はどうでしょうか？　まだ開発途中ですが、さまざまな局面でヒトの強力な相談相手になることが期待されています。こちらはヒトが「正解を知っている」わけではないので、②使い方を間違うとかなり危険だと思っています。なぜなら、ヒトが人である理由、つまり「考える」ということが激減する可能性があるからです。一度考えることをやめた人類は、それこそＡＩに頼り続け、「主体の逆転」が起こってしまいます。ヒトのために作ったはずのＡＩに、ヒトが従属してしまうのです。

ではそうならないようにするには、どうすればいいのでしょうか。

6 放物線 C を $y=-x^2$ とします。2 点 A，B は放物線 C 上にあり，それぞれの x 座標は順に 1，2 とします。点 A を通る x 軸に平行な直線と y 軸との交点を D，点 B を通る x 軸に平行な直線と y 軸との交点を E とします。線分 DE 上に点 F があり，点 F の y 座標を a とします。

このとき，次の問いに答えなさい。

(1) 2 点 A，B の座標を求めなさい。

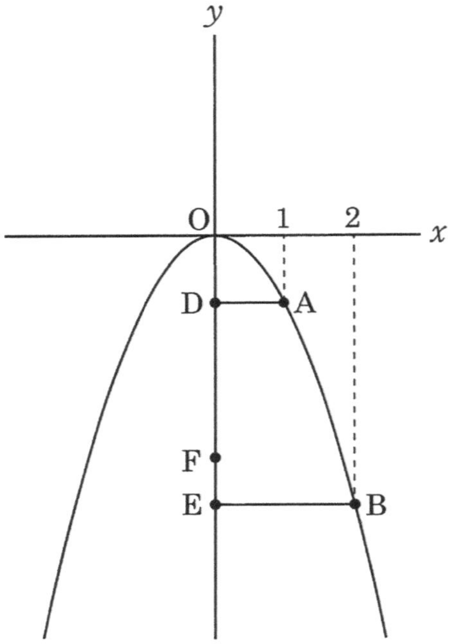

(2) 直線 AB の式を求めなさい。

(3) AF + FB が最小となるとき，a の値を求めなさい。

(4) a を(3)で求めた値とします。直線 AB と y 軸との交点を点 G，$\angle \mathrm{AGD}=b°$ とするとき，$\angle \mathrm{FAB}$ の角度を b を用いて表しなさい。

5 図１のように，AD⊥AC，BC⊥AC の台形 ABCD があります。AC = 6 cm，AD = 3 cm，BC = 6 cmとするとき，次の問いに答えなさい。
ただし，円周率は π とします。

図１

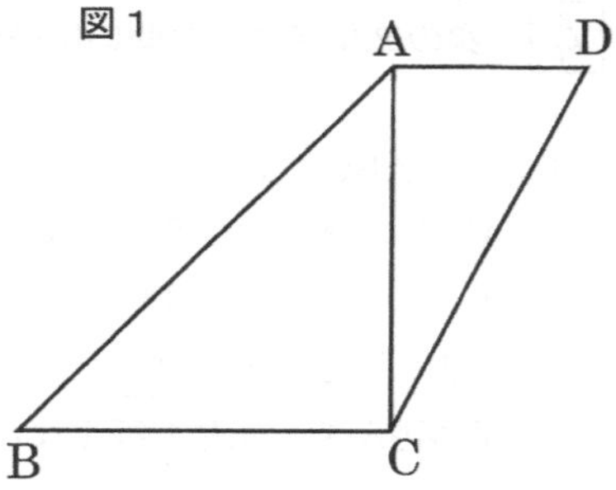

(1) 図１の台形 ABCD の面積を求めなさい。

(2) 図１の台形 ABCD を，直線 BC を回転の軸として１回転させてできる立体の体積を求めなさい。

(3) 次の花子さんと太郎さんの会話文は，図１の台形 ABCD を，直線 AC を回転の軸として１回転させてできる立体の体積を求める問題について話しているものです。
会話文を読んで，［ア］，［イ］には下の語群から適する語句を，［ウ］にはもっとも簡単な整数の比を，［エ］，［オ］には適する数値を入れなさい。

> 花子さん：今度は直線 AC を回転の軸として１回転させる問題ね。難しそう。どんな立体ができるかな。
>
> 太郎さん：直線 AC を対称の軸として，対称移動した図形をかき加えると図２のようになるから，点 D が移動した点を E，線分 AB と線分 EC の交点を F とすると，五角形 AEFBC を１回転させた図形になると思う。
>
> 花子さん：そうすると，BC∥FG となる点 G を線分 AC 上にとると，台形 AEFG を１回転させた立体と台形 BCGF を１回転させた立体の体積の和を求めればよいことになるね。
>
> 太郎さん：どちらも［ア］の一部になるから，AG と GC の長さが解れば求められるね。
>
> 花子さん：図２で，△ FAE と△ FBC が［イ］であることが解るから，AF : FB = ［ウ］になるはずね。
>
> 太郎さん：そうだね。それを利用すれば AG = ［エ］cmと解るね。
>
> 花子さん：これで立体の体積が求められるわ。答えは［オ］cm³ね。

【語群】 円柱，　円錐，　三角柱，　四角錐，　合同，　相似

図２

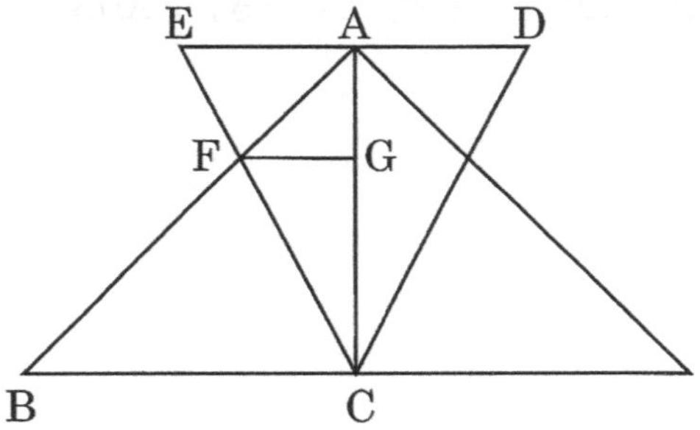

4 次の文章を読んで問いに答えなさい。

[１] △ABCにおいて，辺BC上に点D，Eをとります。点Eを通り直線ADと平行な直線と辺ACとの交点を点Fとします。点Bを通り辺ACと平行な直線と直線ADの交点を点Gとします。このとき，△FCE∽△GBDであることを，次のように証明しました。

次の (1) ～ (4) にあてはまるもっとも適当なものを，下の【語群】ア～サの中から１つずつ選んで，記号で答えなさい。

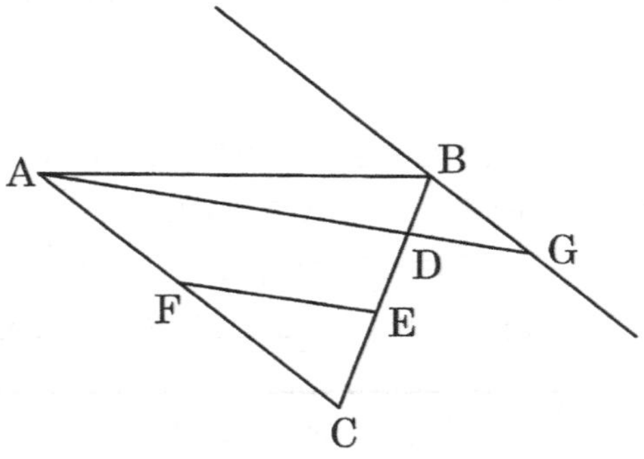

[証明]

△FCEと△GBDにおいて

FE∥ADなので同位角の関係より

∠FEC＝∠ (1)

また，対頂角の関係より

∠ (1) ＝∠ (2)

よって　∠FEC＝∠ (2)　…　①

次にAC∥BGなので錯角の関係より

∠FCE＝∠ (3)　…　②

①，②より

(4) ので

△FCE∽△GBD

[証明終り]

【語群】

ア	GBD	イ	ADB	ウ	BAD	エ	ADE
オ	AFD	カ	GDB	キ	CAD	ク	BGD

ケ　３組の辺の比が，すべて等しい

コ　２組の辺の比とその間の角が，それぞれ等しい

サ　２組の角が，それぞれ等しい

[２] [１] のとき，∠GBD＝72°とします。このとき，∠ADB＋∠AFEの角度を求めなさい。

問１　Mariko は【1】～【5】の各段落のタイトルを示しながら発表しました。下の**ア～オ**は，【1】～【5】のいずれかの段落のタイトルを表しています。【2】,【3】,【5】の段落の内容を表すタイトルとして最も適切なものを，それぞれ**ア～オ**から選びなさい。

ア　What can we do now?

イ　How does Fairtrade work?

ウ　Why did Fairtrade start?

エ　What is Fairtrade?

オ　A symbol of Fairtrade

問２　フェアトレードが生まれた背景として<u>適さないもの</u>を，次の**ア～ウ**から１つ選び，記号で答えなさい。

ア　A lot of chemicals were used.

イ　Some children working on farms couldn't go to school.

ウ　People wanted to buy more delicious food.

問３　【3】段落中の下線部(1)の【　　】内の語を並べかえて，「彼らが大規模農家たちと競争することはとても大変だった」という意味を表す英文にしなさい。

問４　【4】段落中の（ ① ）に入る最も適当な語を，次の**ア～エ**から１つ選び，記号で答えなさい。

ア　study　　イ　change　　ウ　buy things　　エ　work

問５　【4】段落中の <u>these problems</u> が指す具体的な内容を次のようにまとめました。（　**ア**　）～（　**カ**　）に適当な日本語を入れなさい。

・小規模農家は一生懸命に働いても（　ア　）するのに十分なお金をかせぐことができなかったこと。
・農場労働者の中には（　イ　）がいて，彼らは（　ウ　）ことができなかったこと。
・農場主が多くの（　エ　）を使い（　オ　）や（　カ　）に悪影響をおよぼしたこと。

問６　【5】段落中の［　　　］に入る最も適当な文を，次の**ア～ウ**から１つ選び，記号で答えなさい。

ア　farm workers can have more money than farm owners

イ　we can get products that are more delicious than before

ウ　it will help many workers and many children around the world

問７　本文の内容と合っているものは○，違うものには×をつけなさい。

(1)　Most of Fairtrade farmers are small farmers.

(2)　In Fairtrade, workers are paid better than usual.

(3)　Fairtrade has a bad influence on the environment.

(4)　Most of Fairtrade products are cheaper than other products.

(5)　Most Japanese people know about Fairtrade.

10 次の英文を読み，後の問いに答えなさい。なお，本文中の【1】～【5】は，Marikoが発表した内容の段落番号を示しています。

One day, a junior high school student, Mariko, found a symbol on a banana she bought in the supermarket. She got interested in it and did some *research on it. She found out that it was a symbol of "*Fairtrade" and she wanted her classmates to know about it. So, she gave a presentation about "Fairtrade" in an English class.

【1】Do you know this symbol? I found this symbol on a banana I bought in the supermarket a few days ago. In the center of the circle, there is a farmer or a worker *raising a hand in the sky.

国際フェアトレード認証ラベル

【2】Now, have you ever heard of the word "fairtrade"? The word "fairtrade" *is made up of "*fair" and "trade." It means the *practice of paying fair prices for products made in developing countries. Imagine that you and your friend make cookies to sell at a store. Your friend makes more money than you, though your cookies are just as good as your friend's. Don't you think it is not fair? *Sadly, many people in poor countries are not always paid a fair price for their work. In Fairtrade, people who produce things can get a fair price for their goods.

【3】"Fairtrade" started in *Europe in *the 1960s. At that time, in many parts of the world, people who worked on small farms had a big problem. Imagine again that you are selling cookies in a small store. It takes a lot of time and you can only make *a small amount of cookies each day. How can you *compete with big stores? This happened to small farmers in developing countries. (1)<u>【 difficult / them / it / compete / for / very / was / to 】with big farmers.</u> Small farmers worked very hard, but they couldn't make enough money to live with. Also, some of the workers on farms were children because their families were so poor that they had to work to support their family. They couldn't go to school, and they didn't get much money from farm *owners. There was another problem. Farm owners tried to make products quickly because they wanted to get more money. They used more *chemicals *than usual. It is not good not only for health but also for the environment.

【4】To solve <u>these problems</u>, Fairtrade started. Some people began to buy things made in developing countries at higher prices. This *brought about some good changes. For example, farm owners stopped using a lot of chemicals and they began to give more money to the workers. Also, children *no longer had to (①), and they could go to school.

【5】Now, many people around the world are interested in Fairtrade. However, in Japan, there are few people who know about Fairtrade. It makes me really sad. If we don't choose Fairtrade products and buy other products, it will be cheaper. But if we choose Fairtrade products, [　　　]. I think each of us should learn about Fairtrade and start doing something to help the world. Why don't we buy products with a Fairtrade symbol?

※フェアトレードは、途上国の生産者や労働者の生活改善と自立を目的とした「公平な貿易」のしくみです。

*research　調査　　*Fairtrade　フェアトレード　　*raising a hand　手を挙げている
*is made up of ～　～から成る　　*fair　公正な　　*practice　行為　　*Sadly　悲しいことに
*Europe　ヨーロッパ　　*the 1960s　1960年代　　*a small amount of　～少量の
*compete　競争する　　*owners　所有者　　*chemicals　化学薬品
*than usual　普通よりも　　*brought about　～をもたらした　　*no longer　もはや～ない

注：*packed lunch　お弁当　*the slices of green pepper　細く切られたピーマン
*dried seaweed　海苔　*substitute food　代替え食品　*dieting　減量ダイエット
*vegetable-based　野菜を基にした　*soy　大豆　*almond　アーモンド
*animal fat　動物性脂肪　*vegetarian　菜食主義者　*meal(s)　食事
*taste the same as…　…と同じ味がする　*low fat and low calories　低脂肪，低カロリー
*pork　豚肉　*religious reasons　宗教上の理由　*lose weight　減量する

問１　空欄 a ～ e に入る最も適当なものを次の**ア**～**カ**の中から１つずつ選び，記号で答えなさい。

ア　How do you like it
イ　All the lives are precious and respected, right
ウ　Vegetables are used instead of meat, aren't they
エ　Do you like substitute food
オ　One of them is about our health, isn't it
カ　Did you make your lunch for yourself

問２　次の文は，下線部①が示す具体的内容を示したものです。空欄に適当な日本語を入れなさい。

家畜を飼育するには多くの（　　ア　　）が必要で，より広い土地を得るために，世界中で，酪農家の人々が（　　イ　　）ということ。

問３　下線部②を日本語に直しなさい。

問４　次の質問 (1)，(2) に英語で答えなさい。
(1)　Why has Yuki checked substitute food?
(2)　Why did Mei's mother worry about her health?

問５　本文の内容に合っているものは○で，合っていないものは×で答えなさい。
(1)　メイさんのお弁当はすべて大豆で作られた。
(2)　代替え食品を利用することでいろいろな問題を解決することができる。
(3)　ユキさんとメイさんは，宗教的理由のために牛肉あるいは豚肉を食べてはいけない人たちがいることを学んで，知っていた。

5 図１のように，厚紙に矢印の穴を開けた物体と光源，凸レンズ，スクリーン，光学台を用意し，物体と光源を光学台に固定した。そして，凸レンズとスクリーンの位置を動かして，スクリーンにはっきりした像ができるときの物体と凸レンズの距離ａ，凸レンズとスクリーンの距離ｂを測定し，それぞれを測定１～測定５とした。表１は，その結果をまとめたものである。次の問いに答えなさい。

図１

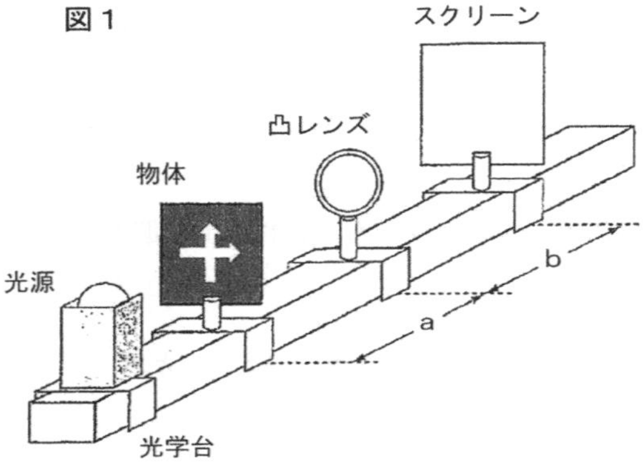

表１

	測定 1	測定 2	測定 3	測定 4	測定 5
距離 a [cm]	60	30	24	20	15
距離 b [cm]	15	20	24	30	60

(1) 測定１で、スクリーンにできた像を物体側から見たとき，どのように像が見えるか。次のア～エから１つ選び，記号で答えなさい。

ア

イ

ウ

エ

(2) 測定１～測定４において，スクリーンにできる像の大きさが最も大きいものはどれか。次のア～エから１つ選び，記号で答えなさい。

ア 測定１　　イ 測定２　　ウ 測定３　　エ 測定４

(3) 測定５の後に，距離ａをさらに小さくしたところ，スクリーンをどこに動かしても像がうつらなくなり，スクリーン側から凸レンズをのぞくと，拡大された物体の像が見えた。このとき見えた像を何というか。

(4) (3)の像が見えたのは，距離ａを何 cm にしたときか，次のア～エから適当なものを１つ選び，記号で答えなさい。

ア 14 cm　　イ 13 cm　　ウ 12 cm　　エ 11 cm

6 以下は，だ液のはたらきについて，しょうごさんとゆうさくさんが話した会話の一部とそのはたらきを調べるための実験である。次の問いに答えなさい。

しょうごさん：　ごはんを口の中でかみ続けていたら，あまく感じた経験があるよ。
ゆうさくさん：　それは糖があるからだと聞いたよ。糖を調べる方法はないのかな。
しょうごさん：　ベネジクト溶液で反応をみる方法があるらしいよ。
しょうごさん：　調べたい条件以外を同じにする対照実験を意識して，とり組む必要があるね。
ゆうさくさん：　さっそく実験計画を立ててみよう。

【実験１】 試験管Ａにデンプンのりとだ液，試験管Ｂにデンプンのりと水をいれ，よく振りまぜ，約40℃の湯の中に入れて，じゅうぶんに反応させた。

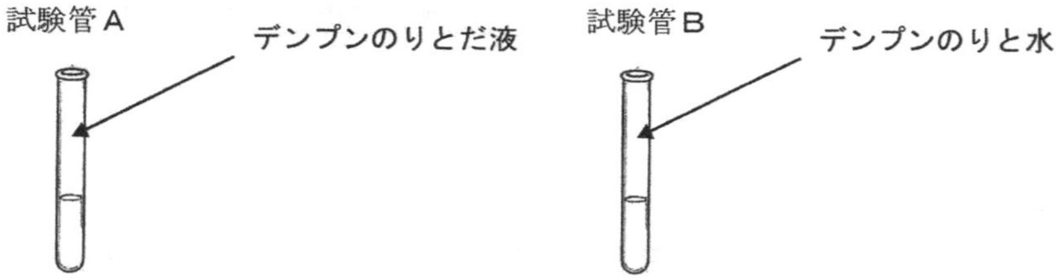

【実験２】 試験管Ａ，Ｂの液を別の試験管（Ａ’，Ｂ’）に半分ずつ分ける。試験管Ａ，Ｂにそれぞれヨウ素溶液を２，３滴加え，色の変化を見る。

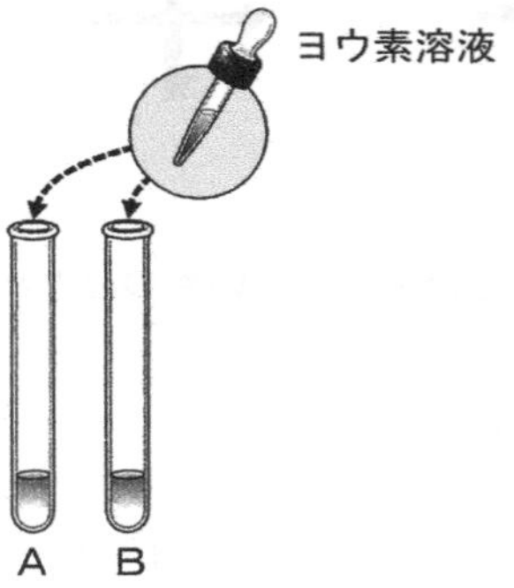

【実験３】 試験管Ａ’，Ｂ’にそれぞれベネジクト溶液を少量加え，軽く振りながら加熱し，色の変化を見る。

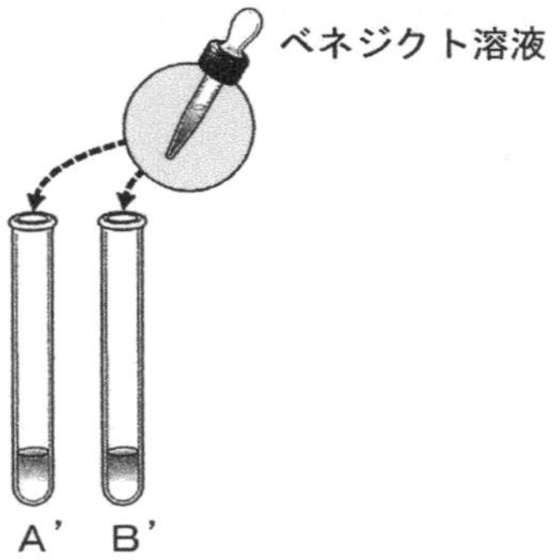

(1)　会話文の下線部について，同じ条件にしなければならないものはどれか。次の**ア**～**エ**の中から**すべて**選び，記号で答えなさい。

ア　お湯に入れる時間　　**イ**　ヨウ素溶液の量とベネジクト溶液の量

ウ　デンプンのりの濃度　　**エ**　調べる人

(2)　**表**は［**実験２**］と［**実験３**］の結果をまとめたものである。**表**の（　①　）～（　④　）に適するものを次の**ア**～**ウ**から１つずつ選び，記号で答えなさい。

表

試験管	結果
A	（　①　）
B	（　②　）
A'	（　③　）
B'	（　④　）

ア　青紫色に変化した。

イ　赤褐色に変化した。

ウ　変化しなかった。

(3)　**表**の結果から，デンプンがだ液によって分解されることがわかるのは，試験管のどれとどれを比べた時か。次の**ア**～**カ**から**すべて**選び，記号で答えなさい。

ア　AとA'　　**イ**　AとB　　**ウ**　AとB'

エ　BとB'　　**オ**　A'とB　　**カ**　A'とB'

(4)　次の文の（　①　）～（　③　）に適する語を答えなさい。ただし，同じ記号には同じ語が入る。

> 食物に含まれている炭水化物や脂肪，タンパク質の栄養分は，大きな分子でできていることが多く，そのままでは吸収できない。そのため，体のはたらきによって，これらの栄養分を分解して吸収されやすい状態に変えている。このはたらきを（　①　）という。口からとり入れられた食物は，胃や腸などからなる消化管を通っていく。そのさい，だ液や胃液，すい液などの消化液のはたらきによって吸収されやすい状態になる。消化液の中には，（　②　）が含まれている。だ液に含まれる（　②　）は（　③　）である。

7 星座の星と月の動きについて，次の問いに答えなさい。

地球は太陽を中心にして軌道上を1年かかって360度移動するため，1か月では約（　①　）度移動する。また，地球から星座の星の動きをみると，1か月後の同じ時刻には異なる位置にみえる。これは，地球の（　②　）による星の1年間の見かけの動きであり，星座の星の（　③　）運動という。

月は地球のまわりを約1か月かけて1周する（　④　）である。また（　④　）は，火星や木星などの惑星にもそれぞれ複数存在する。1か月を30日とすると，同じ時刻に見た月の位置は，1日につき約（　⑤　）度移動する。

図1は，ある晴れた日に宮崎県で天体観測したときの地球，太陽，星座**A**，**B**，**C**，**D**の位置を模式的に示したものである。

図1

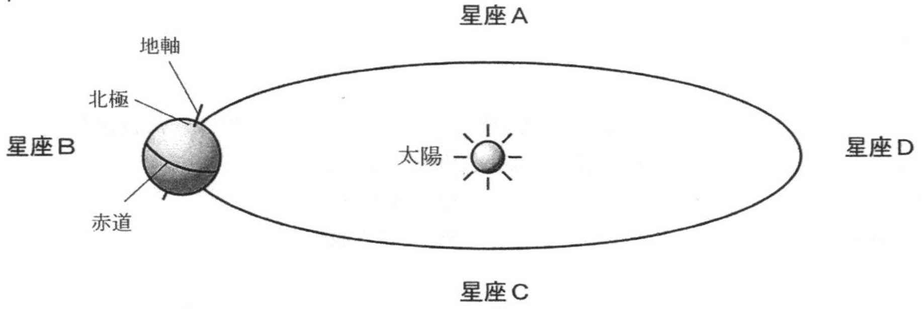

(1)　文中の（　①　）～（　⑤　）に適語や数値を入れなさい。

(2)　地球が**図1**の位置にあるときについて次の問いに答えなさい。

①　季節はいつごろか。次の**ア**～**エ**から1つ選び記号で答えなさい。

ア　春分　　　**イ**　秋分　　　**ウ**　冬至　　　**エ**　夏至

②　昼間，太陽の南中高度を示すのはどれか。次の**ア**～**ウ**から1つ選び，記号で答えなさい。

図2

ア　∠a
イ　∠b
ウ　∠c

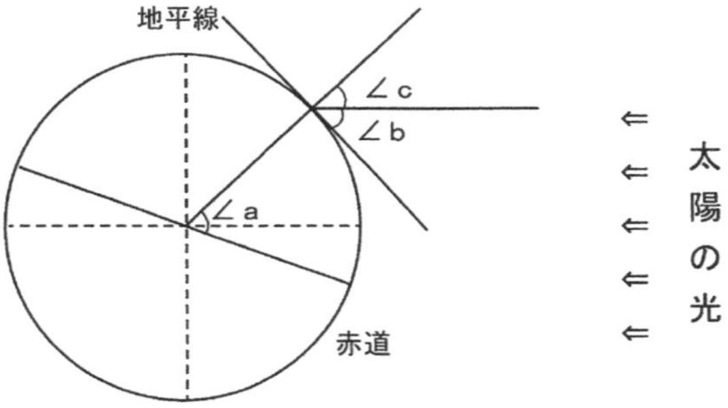

③　真夜中（0 時）に南中する星座はどれか。**図 1** の**星座 A**～**星座 D** から 1 つ選び，答えなさい。

④　午後 8 時に，**星座 A**～**星座 D** とは別の**星 X** と**月**が**図 3** に示すようにみえた。この日から 30 日後の午後 8 時，同じ場所で**星 X** と月をみると，その位置はどうなっていると考えられるか。次の**ア**～**エ**から 1 つ選び，記号で答えなさい。ただし，月の満ち欠けによる形の変化は考えないものとする。

図 3

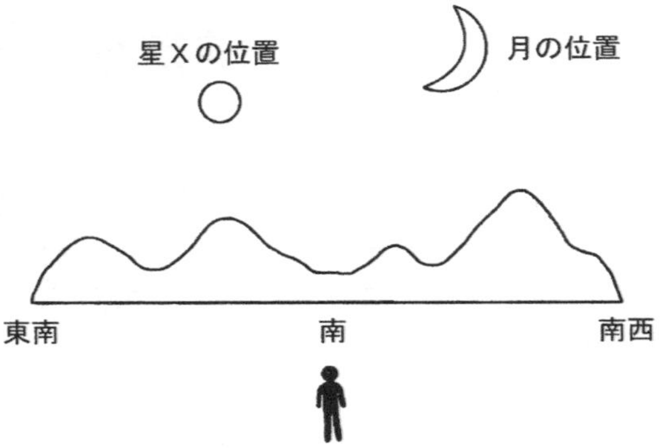

ア

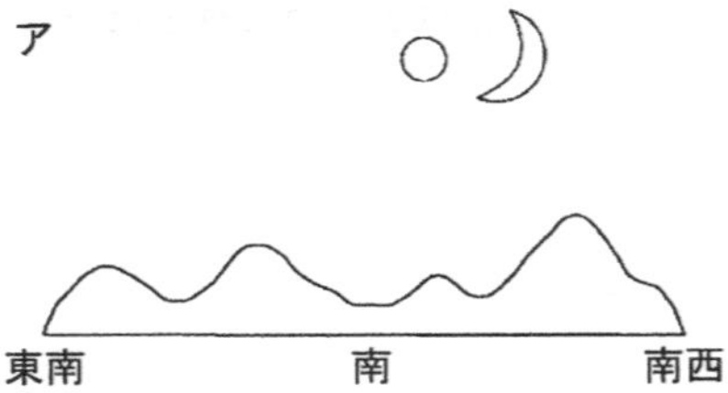

イ

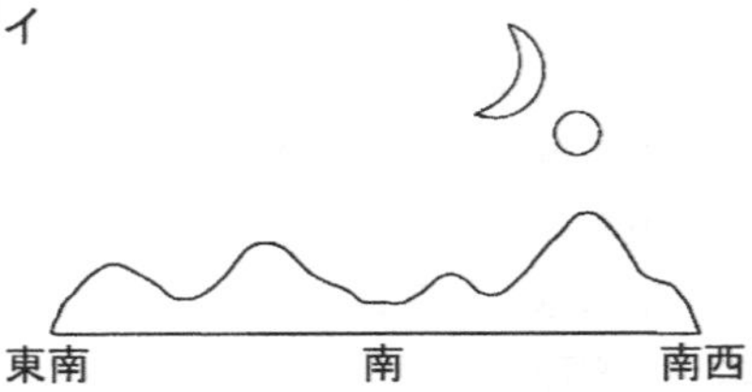

ウ

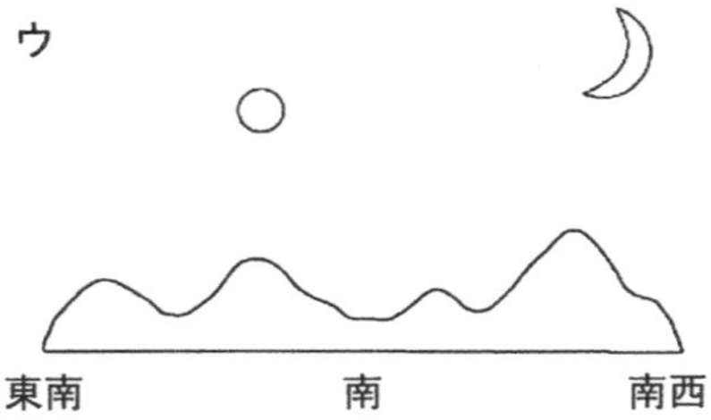

エ

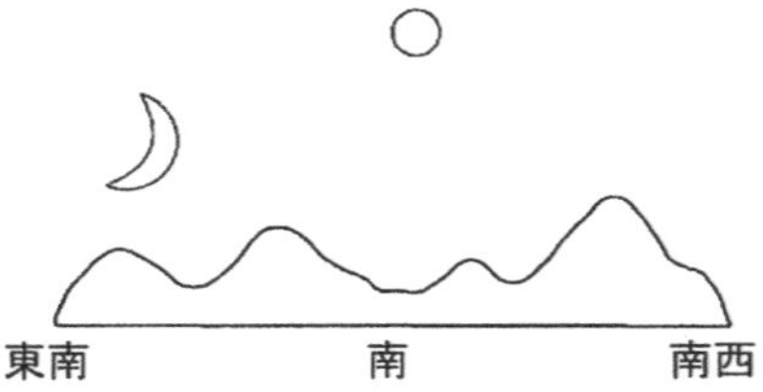

⑤　③で答えた星座は，3 か月後の真夜中にはどこにみえると考えられるか。次の**ア**～**エ**から 1 つ選び，記号で答えなさい。

ア　東の空にみえる
イ　西の空にみえる
ウ　南の空にみえる
エ　北の空にみえる

8 豆電球や電気抵抗について調べるために、実験１，実験２を行った。次の (1) ～ (4) の問いに答えなさい。

実験１ 同じ種類の**豆電球ａ**と**豆電球ｂ**，**豆電球ｃ**を用意し，**図１**のような回路を作成し，豆電球を光らせた。

図１

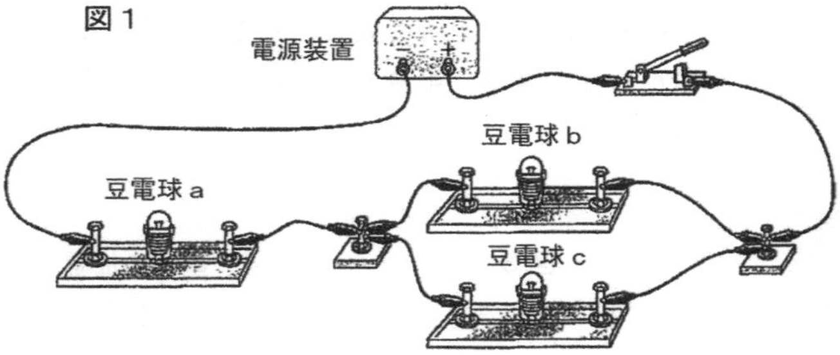

(1) 電流計を用いて**豆電球ａ**に流れる電流を測定すると**図２**のようになった。ただし，電流計の針は，−極側からの導線を 500mA の−端子に接続している。**豆電球ａ**に流れる電流は何 mA か答えなさい。

図２

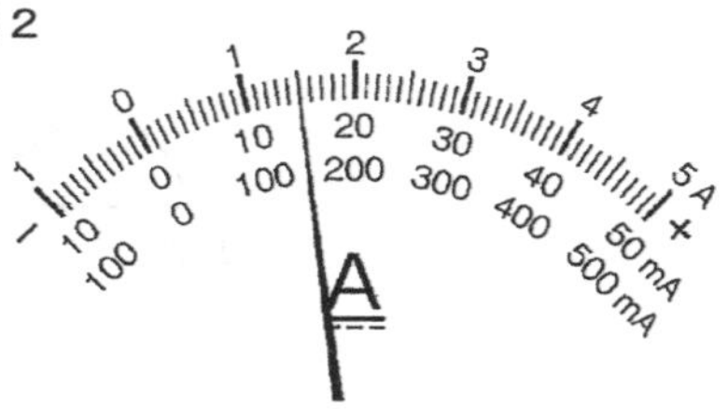

(2) 図１の回路で，**豆電球ｂ**のソケットをゆるめた。このとき，**豆電球ａ**と**豆電球ｃ**はどうなったか。次の**ア**～**エ**から１つ選び記号で答えなさい。

ア **豆電球ａ**は明るいままで，**豆電球ｃ**は消えた。
イ **豆電球ａ**は消え，**豆電球ｃ**は明るいままであった。
ウ **豆電球ａ**と**豆電球ｃ**のどちらも明るいままであった。
エ **豆電球ａ**と**豆電球ｃ**のどちらのあかりも消えた。

(3)，(4)の問題は学校当局により削除問題となりましたので，掲載しておりません。 教英出版

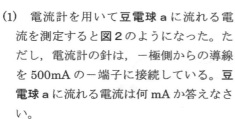

会話Ｖ

太郎さん：番組の最後にあった東京の散策も面白かったね。
はなさん：⑪文明開化期の東京を描いた版画は，教科書に載っているものと同じだったね。
ユキさん：江戸時代から明治時代への社会の変化は，本当にすごかったでしょうね。当時，私が生きていたら，毎日新しいものが増えていく生活にわくわくしたと思うな。
大介さん：でも，そんな東京も⑫関東大震災で大きな被害を受けたことがあるね。
はなさん：太平洋戦争でも東京大空襲をはじめ，大打撃を受けたね。でも，そこから多くの人たちの尽力で東京をはじめ日本全体が復興し，⑬国際社会の中にも復帰できたことが紹介されていたわ。
太郎さん：今の各地の街並みは，今までの歴史と深いつながりがあるということだね。

問 11　下線部⑪について，明治時代初期に西洋風の文物が導入され，社会全体に大きな変化が見られた。この変化について述べた文として**適当でないもの**を，次の**ア**～**エ**から１つ選び記号で答えなさい。

ア　れんが造りの建物が建てられ，道の両端にはガス灯が設置された。
イ　移動手段として，馬車や人力車，郊外電車が導入された。
ウ　洋服を着用する人々が増え，ざんぎり頭にする男性も多かった。
エ　太陽暦が採用され，牛鍋を提供するお店も開かれた。

問 12　下線部⑫について，関東大震災以後の日本の動きとして**適当でないもの**を，次の**ア**～**エ**から１つ選び記号で答えなさい。

ア　「大東亜共栄圏」建設を宣伝し，東南アジアなどの地域を占領した。
イ　軍部の力が強まり，五・一五事件で政党内閣が終わった。
ウ　世界恐慌の影響を受け，日本経済が大きく落ち込んだ。
エ　日本で産業革命が始まり，繊維など軽工業の分野が発展した。

問 13　下線部⑬について，1951 年に日本は 48 か国とサンフランシスコ平和条約を結び，国際社会に復帰した。この時の内閣総理大臣を答えなさい。

3 次は，生徒が作成した研究レポートです。よく読んで，以下の問いに答えなさい。

令和５年　社会（歴史分野）研究テーマ

「第一次世界大戦以降の世界と日本」

資料集で右の戦死者数のグラフを見ている内に，第一次世界大戦から戦死者数が急激に増えているのに気づきました。また，その原因を調べていく中で新たな疑問も出てきました。そのため，今回の研究レポートでは，以下の疑問点１～５に対する自分の考えを，資料Ａ～Ｄを用いてまとめてみました。

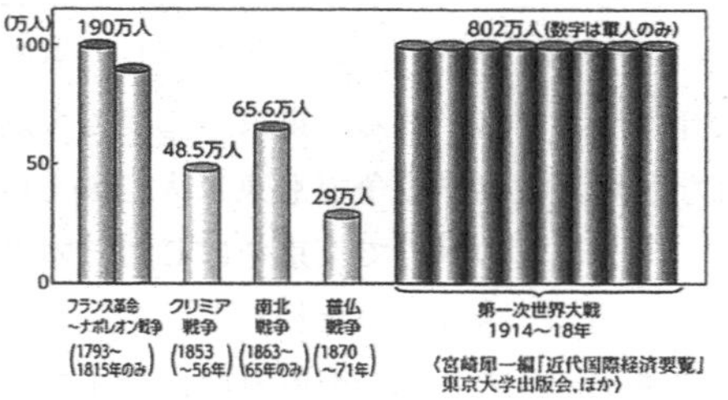

疑問点１「世界大戦と言われるのは何故なのだろう」

［考察］　この戦争には，世界の20を超える国々が連合国側と同盟国側に立って参戦しました。そのため，資料Ａから考えて，戦争の影響は列強が（　１　）として支配していたアジアやアフリカの国々にも及んだと思われます。それが，世界大戦と言われる理由だと思います。

資料Ａ

農園で働かされる現地の人々

疑問点２「第一次世界大戦の大きな特徴とは何だろう」

［考察］　資料Ｂから見てとれるように，第一次世界大戦以降の戦争は，国民の力を戦争に向けて総動員する（　２　）戦・消耗戦とよばれています。また<u>①新兵器が登場</u>した結果，戦場で戦う兵士の他に<u>②［　　　］の犠牲者が</u>［　　　］するようになりました。これが大きな特徴だと思います。

資料Ｂ

軍需工場で働く女性

疑問点３「第一次世界大戦は，何故，長い間続いてしまったのだろう」

［考察］　世界の主要な国々が参戦してしまうと，間に立って調停してくれる国がいなくなってしまいます。そのため，相手国が戦闘力を完全に失うか，1917年の（　３　）革命を経て社会主義国となった国のように，革命でも起きない限り戦争は終わらなくなります。それが，戦争が長く続いた原因だと思います。

疑問点４「この戦争を通じ，世界はどのように変化したのだろうか」

［考察］　1917年に参戦した（　４　）は，戦後の世界政治や経済を大きく動かすようになりました。資料Ｃは，繁栄するこの国の様子を示しています。しかし，戦後に設立された国際連盟には参加しませんでした。

一方，世界各地では民族運動が高まり，アジアでは，<u>③資料Ｄの人物</u>が行動を起こしています。

資料Ｃ

資料Ｄ

疑問点５「第一次世界大戦に日本はどう関わり，戦後の日本にはどんな変化が生まれただろうか」

［考察］　日英同盟を理由に【　ａ　】に宣戦布告した日本は，1915年，中国に山東半島の権益などの譲渡を含む【　ｂ　】を承認させました。そのため，戦後は日本の中国進出を押さえ込む動きも生まれました。

また，戦後の日本では民主主義を求める動きや風潮が生まれました。これが<u>④大正デモクラシー</u>です。

問1　文中の（　１　）～（　４　）の空欄に入る語句や国名を，それぞれ答えなさい。

問2　**疑問点２**の下線部①について，**この時期に用いられた新兵器ではない**ものを，次の**ア**～**エ**から１つ選び記号で答えなさい。

ア　戦車　　**イ**　潜水艦　　**ウ**　飛行機　　**エ**　原子爆弾

問3　**疑問点２**の下線部②について，［　　　］の犠牲者が［　　　］に適する言葉を記入しなさい。

問4　**疑問点４**の下線部③について，第一次世界大戦前後の**資料Ｄ**の人物の行動として適当なものを，次の**ア**～**エ**から１つ選び記号で答えなさい。

ア　第一次世界大戦では，戦後の独立を約束したフランスに協力した。
イ　大戦後，インドの自治を求めて非暴力・不服従の抵抗運動を推進した。
ウ　ヴェルサイユ条約締結に反対する五・四運動を指導し，辛亥革命を起こした。
エ　戦後のワシントン会議で，アジア・太平洋地域の新しい枠組みを形成した。

問5　**疑問点５**の空欄【　a　】・【　b　】について，それぞれの国名・語句の組み合わせとして適当なものを，次の**ア**～**エ**から１つ選び記号で答えなさい。

ア【　a　】フランス　　【　b　】二十一か条の要求
イ【　a　】フランス　　【　b　】日清修好条規
ウ【　a　】ドイツ　　【　b　】二十一か条の要求
エ【　a　】ドイツ　　【　b　】日清修好条規

問6　**疑問点５**の下線部④について，右の年表中の［　　　］に当てはまるものを，次の**ア**～**エ**から１つ選び記号で答えなさい。

ア　男子普通選挙法
イ　帝国議会
ウ　満州国
エ　日独伊三国同盟

1912年	桂太郎内閣に対する護憲運動発生
1916年	吉野作造が民本主義を唱える
1918年	原敬の本格的政党内閣が成立
1925年	［　　　］の成立

4 次の文章を読んで，各問いに答えなさい。

昨年の２月，ロシアによるウクライナ侵攻は国際社会に大きな動揺を与えました。戦闘行為などにより，①人権が侵害され，市民の命が奪われました。

国家には，憲法や法律が存在し，それを立法府や行政府，②裁判所が的確に行使することで，国民の人権や財産などを守っています。

ロシアによるウクライナ侵攻は，ヨーロッパ諸国の安全保障体制にも大きな影響を与え，これを機に自国の③防衛力を強化している国もあります。さらに，国際社会によるロシアへの経済制裁や，ロシアの天然ガス輸出制限，ウクライナからの穀物輸出の停滞などは，国際社会の④経済に大きな影響を及ぼしました。日本では，食糧価格の上昇や⑤為替の変動など経済に影響が出ています。経済が悪化すると，⑥労働者の雇用にも影響を及ぼすので注意しなければいけません。国家は，雇用が悪化した場合，社会保障政策などを通して⑦国民の生活を守る仕組みを整えています。

各国政府は，財政政策による税負担の変更や，中央銀行による⑧金融政策を通して通貨量を調整するなどしながら，自国の経済を守り安定させようとしています。

問１　下線部①の人権について，以下の問いに答えなさい。

［１］ 人権に関する記述として適当なものを，次の**ア**～**エ**から１つ選び記号で答えなさい。

ア　国民情報保護制度により，国民は国や企業が保有する自分の情報を見ることができる。
イ　日本はバリアフリー化を推進するため男女共同参画社会基本法を制定した。
ウ　日本は男女雇用機会均等法を制定して，その後に女子差別撤廃条約を批准した。
エ　児童の権利条約は，全ての 15 歳未満の子どもの権利を保障する条約である。

［２］ 次の文中の空欄に適する語句を答えなさい。

> 日本では憲法で個人の人権を保障しているが，一方で他の人々の人権を守らなければならない場合，個人の人権が制限されることがある。これを（　　　）の福祉と呼ぶ。

［３］ 次の**A**～**C**はある法典の内容です。法典名とその内容の正しい組み合わせを次の**ア**～**カ**の中から選び記号で答えなさい。

> A　われわれは，自明の真理として，すべての人は平等に作られ，造物主によって，一定のうばいがたい天賦の権利を付与され，そのなかに生命・自由および幸福追求の含まれることを信ずる。
> B　経済生活の秩序は，すべての者に人間たるに値する生活を保障する目的を持つ正義の原則に適合しなければならない。
> C　国民はすべての基本的人権の享有を妨げられない。この憲法が国民に補償する基本的人権は侵すことのできない永久の権利として現在及び将来の国民に与えられる。

	ア	イ	ウ	エ	オ	カ
ワイマール憲法	A	A	B	B	C	C
日本国憲法	B	C	A	C	A	B
アメリカ独立宣言	C	B	C	A	B	A

問２　下線部②の裁判所について，以下の問いに答えなさい。

> a 裁判は多くの場合，地方裁判所，家庭裁判所，簡易裁判所のいずれかで行われ（第一審），その判決で不満があれば上級の裁判所に（　１　）し，さらに不満があれば（　２　）できます。憲法は裁判官の身分を保障しており，国会議員による（　３　）裁判など，憲法が定める特別な理由がない限り，裁判官が辞めさせられることはありません。
> そして，b 最高裁判所は違憲審査について最終的な決定権を持っています。

［１］　上記の説明文の空欄（　１　）～（　３　）の組み合わせとして適当なものを，次の**ア**～**カ**から１つ選び記号で答えなさい。

	ア	イ	ウ	エ	オ	カ
（　１　）	上告	控訴	上告	控訴	上告	控訴
（　２　）	控訴	上告	控訴	上告	控訴	上告
（　３　）	弾劾	弾劾	行政	行政	秘密	秘密

［２］　下線部 a について，裁判に関する記述として**適当でないもの**を，次の**ア**～**エ**から１つ選び記号で答えなさい。

ア　刑事裁判では，警察が被疑者を逮捕して取り調べ，被告人として起訴するかどうかを決める。
イ　人権に対する配慮として，犯罪とそれに対する刑罰はあらかじめ定めなければならない。
ウ　被疑者や被告人には，質問に対して答えを拒み，黙っていることが認められている。
エ　日本では，一度有罪が確定したが，その後再審を受けて無罪となった例がある。

［３］　下線部 b について，このように違憲審査に関する最終決定権を持つ最高裁判所は何と呼ばれているか答えなさい。

問３　下線部③の防衛について，以下の問いに答えなさい。

［１］　日本の防衛に関する記述として適当なものを，次の**ア**～**エ**から１つ選び記号で答えなさい。

ア　日米安全保障条約では，アメリカ本土が攻撃を受けた場合，日本も共同防衛の義務を負う。
イ　日本の自衛隊は，先制攻撃の原則の下，防衛力を行使するようになっている。
ウ　日本政府は，自衛隊は必要最低限度の戦力で実力ではないため，憲法違反ではないとしている。
エ　国連の平和維持活動（PKO）に，自衛隊は参加して後方支援活動などを行っている。

［２］　次の文中の空欄に適する語句を漢字で答えなさい。

> 日本政府は 2014 年，他国が攻撃された場合にも，それが自国の平和と安全をおびやかすものとみなし，その国と共同して防衛行動をとるいわゆる（　　　）自衛権の行使が可能であるとの見解を閣議決定した。

問４　下線部④の経済について，以下の問いに答えなさい。

［１］　経済状況に関する記述として適当なものを，次の**ア**～**エ**から１つ選び記号で答えなさい。

ア　好景気では，会社の経営状況が良くなるため，倒産件数は増加する。

イ　不景気では，消費が減少するため，賃金は上昇する。

ウ　日本経済は1990年以降，デフレーションの状態が長く続き，賃金がほとんど上がっていない。

エ　日本経済は1990年以降，インフレーションの状態が長く続き，賃金の上昇傾向が続いている。

［２］　次の**資料１**の「家計の貯蓄構成の国際比較」のグラフについて，日本は次の（　Ａ　）～（　Ｃ　）のどこに該当するか答えなさい。

資料１　家計の貯蓄構成の国際比較

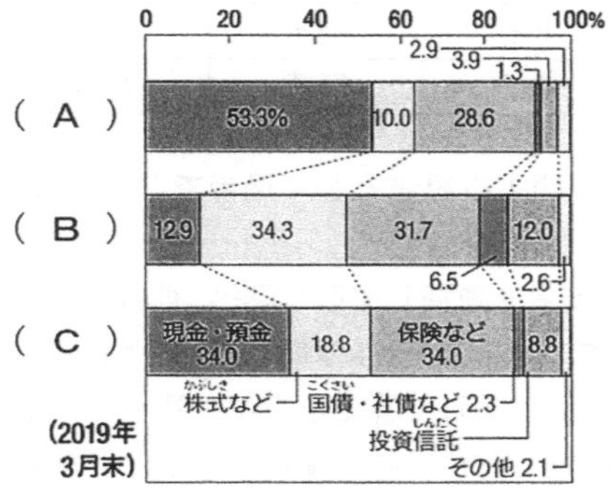

問５　下線部⑤の為替に関する記述として**適当でないもの**を，次の**ア**～**エ**から１つ選び記号で答えなさい。

ア　円安になると，輸入品が割高になるため，日本国内の物価は上昇しやすくなる。

イ　円高になると，外国人観光客の訪日が増加しやすくなる。

ウ　現在，多くの国が変動為替相場を採用している。

エ　プラザ合意で，円安ドル高から円高ドル安となり，その後日本は一時期不況に陥った。

問６　下線部⑥の労働に関して，以下の問いに答えなさい。

［１］　日本の労働に関する記述として**適当でないもの**を，次の**ア**～**エ**から１つ選び記号で答えなさい。

ア　労働基準法では，賃金や労働時間などの基準，時間外労働の制限などが規定されている。

イ　2010年以降，労働条件の改善などのため，労働組合の組織率が30%を超えてきた。

ウ　日本では，年功序列型賃金に変えて，成果主義を導入する企業が増えてきた。

エ　日本国内で外国人労働者が増加していった場合，平均賃金が下落する可能性が指摘されている。

［２］　次の文中の空欄に適する語句を漢字で答えなさい。

現在，日本で働く人の４割近くは，パートタイム，アルバイト，派遣社員，契約社員などの（　　　　　　）雇用と呼ばれる働き方をしています。

問7　下線部⑦の国民の生活を守ることについて，企業が製造した欠陥品で消費者が被害を受けた場合，損害賠償をその生産者が負うことを定めた法律は何か答えなさい。

問8　下線部⑧の金融政策について，日本銀行が好景気の時に行う金融政策について，表の空欄（ A ）・（ B ）に適する語句の組み合わせを，次の**ア**～**エ**から１つ選び記号で答えなさい。

好景気での日本銀行の金融政策
国債を（　A　）
市場の通貨が減る
資金量が減る
銀行が金利を（　B　）
景気を抑制する

	ア	**イ**	**ウ**	**エ**
（　A　）	買う	売る	買う	売る
（　B　）	上げる	下げる	下げる	上げる

問五
問六
問七
I
II
III
問八
問九

三

問一
a
b
問二
問三
問四
問五
問六
(1)
(2)
問七
問八

国語解答用紙

学科	受験番号
科	番

氏名

得点

※100点満点
（配点非公表）

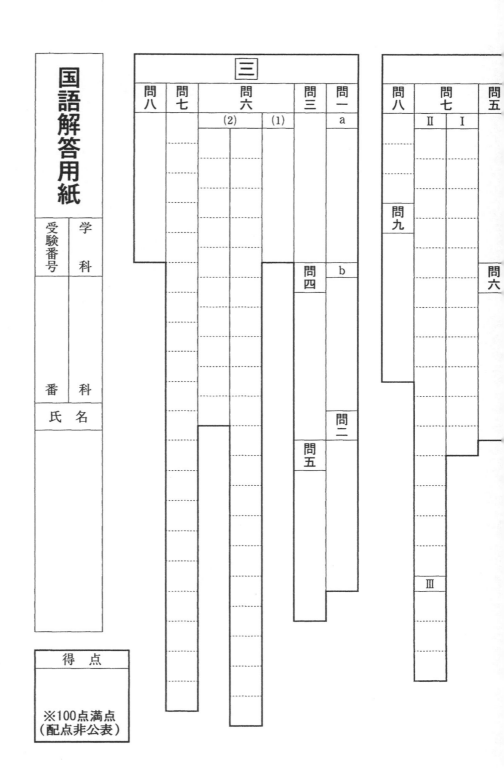

数学解答用紙

学科	科	氏名	
受験番号	番		

得点	※100点満点 （配点非公表）

1

(1)

(2)

(3)

(4)

(5)

(6) $x=$

(7) $x=$

(8) $x=$ 　　　, $y=$

(10)

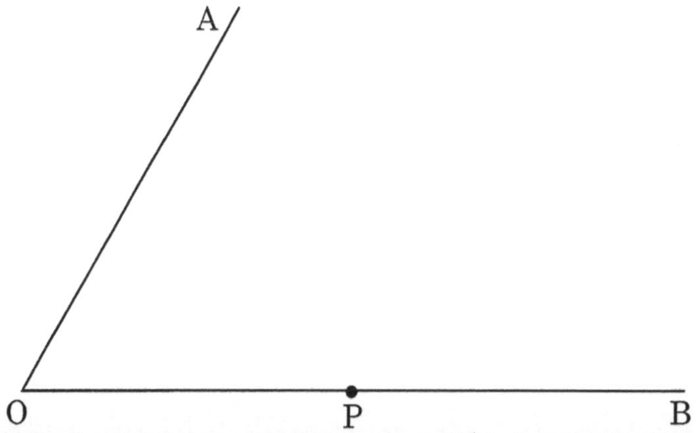

【解答

英語解答用紙

学科	科	氏名	
受験番号	番		

得点	※100点満点（配点非公表）

1	(1)		(2)		(3)		(4)		(5)	
2	(1)		(2)		(3)		(4)		(5)	
3	(1)		(2)		(3)		(4)		(5)	
4	(1)		(2)		(3)					
	(4)		(5)							
5	(1)		(2)							
	(3)		(4)							
	(5)									
6	(1)		(2)		(3)					

【解答

理科解答用紙

学科	科	氏名	
受験番号	番		

得点	※100点満点 （配点非公表）

1	(1)	cm	(2)	N	(3)	J	(4)		(5)	N

2	(1)	性	(2)		(3)	①	②	(4)	色
	(5)	名　称				化学式			
	(6)	水				塩化ナトリウム			
		g				g			
	(7)	A		B		C			
		D		E					

【解答

社会解答用紙

学科	科	氏名	
受験番号	番		

得点	※100点満点 （配点非公表）

1	問1		問2		問3				
	問4		問5		問6	[1]			
	問6	[2]		問6	[3]		問6	[4]	
	問7		問8		問9				
	問10								

	問1		問2		問3	
	問4		問5		問6	

【解答

問9		問10		問11	
問12		問13			

3	問1	1		2		3	
	問1	4		問2			
	問3		の犠牲者が			問4	
	問5			問6			

4	問1	[1]		[2]		[3]			
	問2	[1]		[2]		[3]			
	問3	[1]		[2]		問4	[1]		
	問4	[2]		問5		問6	[1]		
	問6	[2]		問7		問8			

3	(1)		(2)	種類	(3)	

4	(1)	%	(2)											(3)	%

5	(1)		(2)		(3)		(4)	

6	(1)		(2)	①	②	③	④	(3)	
	(4)	①	②	③					

7	(1)	①	②	③	④	⑤
	(2)	①	②	③	④	⑤

8	(1)	mA	(2)		(3)	Ω	(4)	V

8	

9	問1	a		b		c		d		e	
	問2	ア				イ					
	問3										
	問4	(1)									
		(2)									
	問5	(1)		(2)		(3)					

10	問1	【2】		【3】		【5】		問2				
	問3	(with big farmers.)										
	問4		問5	ア		イ		ウ				
	問5	エ		オ		カ						
	問6		問7	(1)		(2)		(3)		(4)		(5)

2	[1]	(1)	(2)	(3)	
	[2]	(1) 点	(2) 点	(3) $x=$	
3		(1) 円	(2) 円	(3) 円	
		(4) 個			
4	[1]	(1)	(2)	(3)	(4)
	[2]	°			
5		(1) cm²	(2) cm³	(3) ア	
		イ	ウ :	エ cm	オ cm³
6		(1) A (,), B (,)	(2) $y=$		
		(3) $a=$	(4) ∠FAB= °		

二

問一
a
b
c
d

問二
X
Y

問三

問四
(1)
(2)

問五

問六

問七

問一
a
b
c
d

問二
A
B
C
D

問三

一

問一
a
された
b
c
d

問二
X
Y

問三

問四
(1)
(2)

問五

問六

問七

問一
a
b
c
d

問二
A
B
C
D

問三

問四

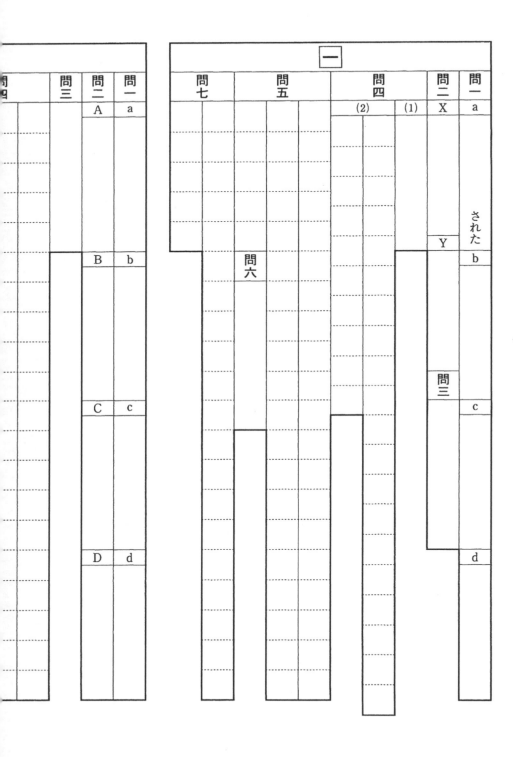

1 下の地図や表，写真を見て，下記の各問いに答えなさい。

［地図 1］

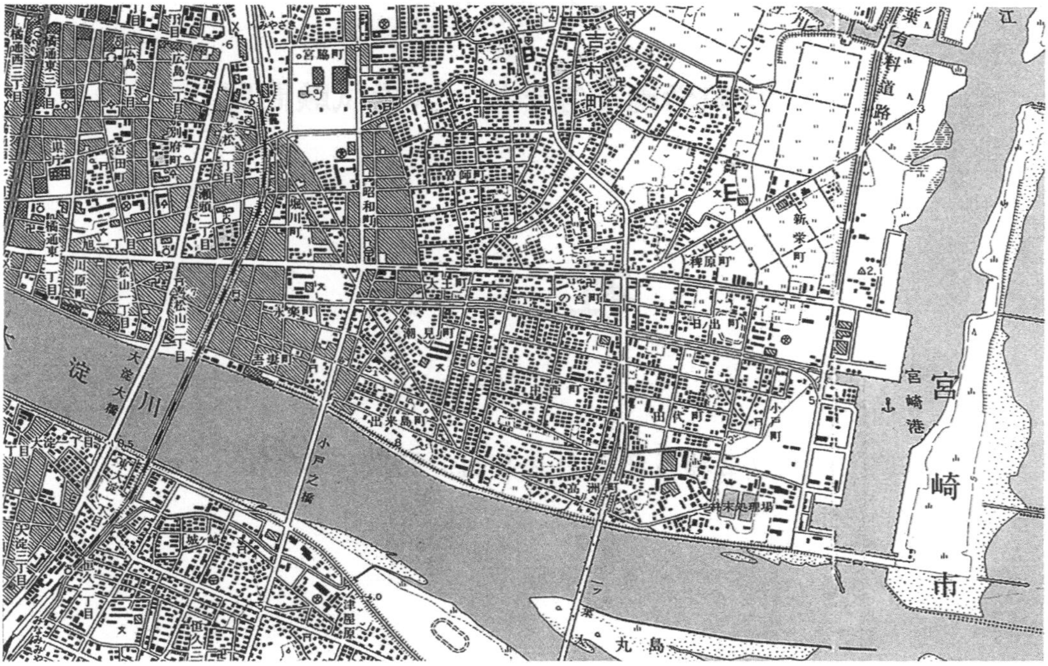

（1986 25000 分の 1 地形図図式）

［地図 2］

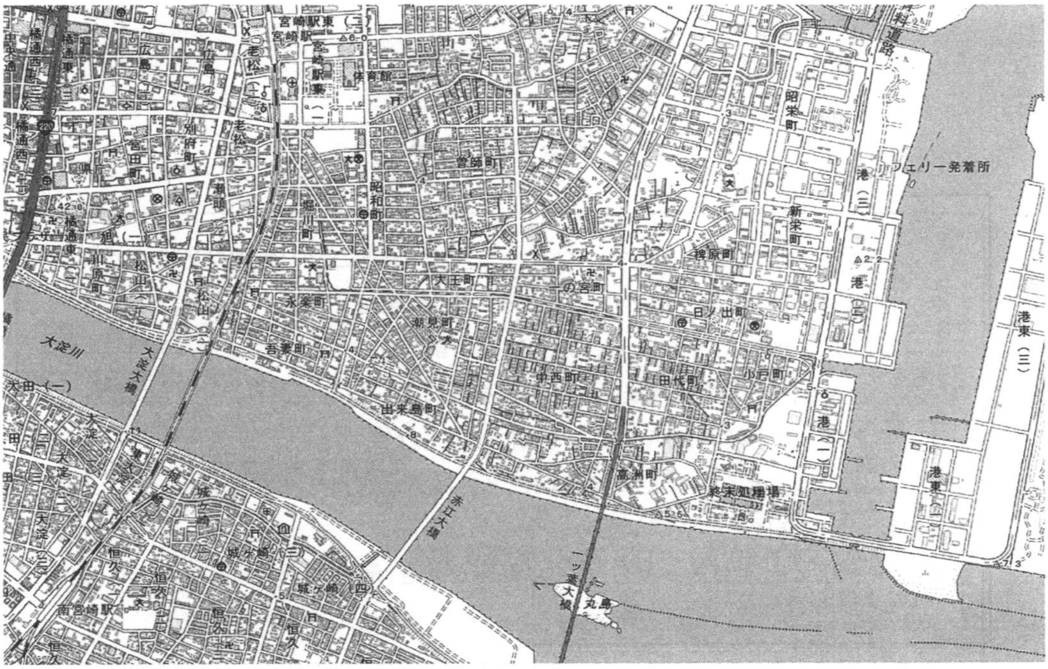

（2013 25000 分の 1 地形図図式）

問１　［地図１］と［地図２］は，国土交通省に所属する国の機関で作成されている。この機関の名称を答えなさい。

問２　［地図２］において，裁判所からみた宮崎駅の方位を 16 方位で答えなさい。

問３　２万５千分の１地形図の等高線間隔（主曲線）と，もっと詳しく地図の内容を調べるときに用いる縮尺の地図の組み合わせとして適当なものを，次の**ア〜エ**から１つ選び記号で答えなさい。

ア　10m ごと－１万分の１地図　　　**イ**　20m ごと－１万分の１地図
ウ　10m ごと－５万分の１地図　　　**エ**　20m ごと－５万分の１地図

問４　［地図１］と［地図２］において宮崎駅から南宮崎駅までの地図上の直線距離は10cm であった。実際の距離を次の**ア〜エ**より１つ選び記号で答えなさい。

ア　1000m　　**イ**　2500m　　**ウ**　5000m　　**エ**　20000m

問５　宮学太郎さんは，いくつかの目的をもって宮崎市にやってきました。次の**ア〜オ**の目的のうち，［地図２］の範囲で**達成できないものを２つ**選び記号で答えなさい。

ア　エリア内の神社に参拝し，高校の合格祈願を行う。
イ　エリア内の小中学校７校を訪問し，ボランティアの募集を行う。
ウ　職場体験で県庁を訪問し，県庁の施設を見学する。
エ　出し忘れていた郵便物を郵便局で投函する。
オ　市役所（別館を除く）に勤務しているいとこに会いに行く。

問６　［地図１］・［地図２］および［資料１］をみて，以下の問いに答えなさい。

［１］　**文章１**の空欄（　１　）・（　２　）に該当する語句の組み合わせとして適当なものを，次の**ア〜エ**から１つ選び記号で答えなさい。

文章１

最近，日豊線から東側，宮崎港までの地域の市街地化が進んでいます。

かつて同地域はビニールハウスが点在し，宮崎県の特色ある農業である野菜の（　１　）栽培が広く行われていました。ところが近年は宮崎県の農業の中心は（　２　）に中心が移り，産出額全体では実に【　Ａ　】％を占めるほどに成長してきました。

ア　（1）抑制　－　（2）稲作
イ　（1）抑制　－　（2）果実
ウ　（1）促成　－　（2）イモ類
エ　（1）促成　－　（2）畜産

［資料１］「宮崎県の農業産出額の推移」

	1990	2000	2010	2020
全体（億円）	3745	3128	2960	3348
米	367 (9.8)	286 (9.1)	188 (6.4)	173 (5.2)
イモ類	110 (2.9)	77 (2.5)	80 (2.7)	70 (2.1)
野菜	783 (20.9)	623 (19.9)	723 (24.4)	681 (20.3)
果実	118 (3.2)	130 (4.2)	147 (5.0)	129 (3.9)
作物その他	273 (7.3)	333 (10.6)	191 (6.5)	117 (3.5)
肉用牛	480 (12.8)	485 (15.5)	453 (15.3)	708 (21.1)
乳用牛	142 (3.8)	121 (3.9)	87 (2.9)	95 (2.8)
豚	461 (12.3)	436 (13.9)	392 (13.2)	521 (15.6)
鶏	965 (25.8)	594 (19.0)	660 (22.3)	830 (24.8)
その他畜産物	12 (0.3)	6 (0.2)	3 (0.1)	3 (0.1)
加工農作物	34 (0.9)	36 (1.2)	36 (1.2)	21 (0.6)

農林水産省「生産農業所得統計」
上段（産出額）下段（全体に占める割合）

［２］　**文章１**の空欄【　Ａ　】に該当する数値として最も適当なものを，次の**ア〜エ**から１つ選び記号で答えなさい。

ア　約 25　　**イ**　約 45　　**ウ**　約 65　　**エ**　約 85

［３］［**資料１**］について，2010年に起きたある出来事をきっかけに数年間宮崎の畜産業は停滞したが，その理由として適当なものを，次の**ア**～**エ**から１つ選び記号で答えなさい。

ア　口蹄疫の感染拡大　　　　　　　　**イ**　食肉の輸入自由化

ウ　急激な円安による飼料の値上がり　**エ**　鳥インフルエンザの感染拡大

［４］［**資料１**］のイモ類について，この大部分はサツマイモ（甘藷）であるが，この作物の主な用途として**適当でないもの**を，次の**ア**～**エ**から１つ選び記号で答えなさい。

ア　食用油の原料　**イ**　家畜の飼料　**ウ**　焼酎（しょうちゅう）の原料　**エ**　食用

問７　［**地図１**］［**地図２**］をみると，表示の範囲だけでも一か所新たな橋が架かり，また従来からある橋も架け替え工事が実施され最近開通した（2021年開通）。この理由として**適当でないもの**を，次の**ア**～**エ**から１つ選び記号で答えなさい。

ア　地震・津波対策で老朽化した橋の架け替えを実施した。

イ　市街地が東部地域にも拡大した。

ウ　大淀川を挟んだ北部と南部の交通量が増加した。

エ　観光ブームで空港の利用者が急増した。

［**資料２**］

問８　［**地図１**］［**地図２**］の範囲は，かつて大淀川の氾濫で水害が発生したことがある。行政では様々な手段で津波や洪水の被害を最小限にする取り組みを行っているが，その一環として作成・発行している地域の住民にとっての危険箇所や緊急避難場所を示した［**資料２**］の冊子を何というか。名称を答えなさい。

問９　2022年現在，宮崎市の人口は約40万人であるが，これは宮崎県全体の人口のおよそ何分の何か。分母を10とした分数で答えなさい。

問10　近年の地図情報の急速なデジタル化のなかで，これまでの紙の地図に加えて，電子地形図が**問１**の機関によって作成・公開されている。このようなデジタル化された地図を利用して様々な表現に使われる仕組みを何というか。**アルファベット３文字**で答えなさい。

2 次の会話Ⅰ～Ⅴは，太郎さんが友人と昼休みに話した内容です。各問いに答えなさい。

会話Ⅰ

太郎さん：そういえば，昨日テレビで見た旅番組が面白かったよ。
はなさん：あ！それ，私も見たよ。各地の街並みを散策しながら，地形や歴史について理解を深める番組だったね。
太郎さん：最初に散策していた佐賀県は，①３世紀ごろの集落を復元した遺跡からのスタートだったね。
はなさん：うん。稲作が最初に伝来した九州北部は，当時の最先端のエリアだったのでしょうね。佐賀県の次は，福岡県の②大宰府を旅していたね。
太郎さん：僕は，そこにある九州国立博物館に行ったことがあったから，見たことのあるお店が出てきて少し嬉しかったな。

問１ 下線部①の遺跡とは，**資料１**の吉野ケ里遺跡のことである。この遺跡がつくられた時代と同じ時代の遺物を，次の**ア**～**エ**から１つ選び記号で答えなさい。

資料１

ア

イ

ウ

エ

問２ 下線部②について，大宰府の周辺は７世紀後半に朝鮮式山城や水城が築かれ，防衛が強化された。この原因として適当なものを，次の**ア**～**エ**から１つ選び記号で答えなさい。

ア 元の約３万の軍が，対馬や壱岐をへて博多湾に上陸したから。
イ 中大兄皇子と中臣鎌足が，蘇我氏をたおして政権をにぎったから。
ウ 百済復興のため倭国軍が唐・新羅と戦い，敗北したから。
エ 借金の帳消しを求めて，農民たちが酒屋や土倉をおそったから。

会話Ⅱ

大介さん：昨日の旅番組の話をしているの？それなら，僕も見ていたよ。僕は昨日の番組では，③平城京と平安京を比較するところが面白かったな。

太郎さん：うん，そうだね。特に平安京は，約 400 年続く④平安時代の政治の中心だったから，多くの歴史を感じるものが残っていたね。授業で勉強した時は，歴史の流れを理解することに集中していたから，番組の中での地形の話は面白かったよね。

問３　下線部③について，平城京が都であった奈良時代には天平文化が栄えた。この時代につくられた『万葉集』には，庶民の苦しいくらしをよんだ「貧窮問答歌」がおさめられている。これをよんだ人物として適当なものを，次の**ア**～**エ**から１つ選び記号で答えなさい。

ア　柿本人麻呂　　**イ**　大伴家持　　**ウ**　山上憶良　　**エ**　紀貫之

問４　下線部④について，平安時代に起こった**a**～**c**の出来事を古い順番に並べ，その組み合わせとして適当なものを，次の**ア**～**カ**から１つ選び記号で答えなさい。

a　平清盛が日宋貿易に力を入れ，厳島神社に一族の繁栄を願った。
b　坂上田村麻呂が征夷大将軍に任命され，蝦夷の反乱をおさえた。
c　白河天皇が上皇となり，摂政や関白をおさえて政治を行った。

ア　a－b－c　　**イ**　a－c－b　　**ウ**　b－a－c
エ　b－c－a　　**オ**　c－a－b　　**カ**　c－b－a

会話Ⅲ

はなさん：ね，ユキさんは，この番組見た？

ユキさん：残念ながら見ていないのだけど，番組の予告で鎌倉の町を散策しているシーンなら見たかな。

はなさん：そうそう！鎌倉の街並みもきれいだったよ。周囲の地形の説明があって，⑤鎌倉幕府が開かれたのも納得だったわ。お土産のお菓子もおいしそうだったし。

ユキさん：私が見たシーンには，お寺が出ていたかな。⑥この時期にもお寺がたくさん建てられたことが，少し意外だったのよね。

はなさん：鎌倉には⑦室町時代にも鎌倉府が設置されたから，次の時代でも重要な土地として考えられていたのね。

問５　下線部⑤について，1221年に承久の乱がおこった。こののち，幕府は朝廷を監視し，西日本の御家人を統制する機関を京都に設置した。この機関を漢字で答えなさい。

問６　下線部⑥について，鎌倉時代には新しい仏教が広まった。なかでも，鎌倉時代初期に活躍した法然が開いた浄土宗は，多くの人々に信仰された。この教えとして適当なものを，次の**ア**～**エ**から１つ選び記号で答えなさい。

ア　題目の「南無妙法蓮華経」をとなえれば救われると説いた。
イ　自分の罪を自覚した悪人こそが救われると説いた。
ウ　各地を歩いて念仏の札を配り，踊念仏で教えを広めた。
エ　阿弥陀仏の救いを信じて，「南無阿弥陀仏」をとなえることを広めた。

問７　下線部⑦について，室町時代は諸外国とのつながりが活発であった。**資料２**はこのことを説明した文章であるが，下線部**(ア)**～**(エ)**のうち一か所に誤りがある。その記号を選び，人名を訂正しなさい。

資料２

明との交流は，日明貿易を通して行われた。**(ア)** 足利義満は，日本国王として明に朝貢し，勘合貿易が始まった。明からは，銅銭や生糸などが輸入された。**(イ)** 安重根が高麗をたおして建国した朝鮮とも貿易を行った。日本は綿織物や経典などを輸入し，やがて綿の栽培も日本に伝えられた。

15世紀初め，中山王となった **(ウ)** 尚巴志が三山を統一して琉球王国をたてた。中継貿易を行う琉球王国との貿易で，日本は東南アジアの産物であるこしょうや香木を手に入れた。

北方では，蝦夷地のアイヌ民族との交易が広まった。しかし，15世紀になると蝦夷地南部に和人が移り住み，アイヌの人々のくらしを圧迫した。そのため，**(エ)** コシャマインが率いるアイヌ軍との争いがおこった。

会話Ⅳ

ユキさん：他には，どの街並みが特集されていたの？

大介さん：大阪の街並みも取り上げられていたよ。⑧江戸時代に「天下の台所」と呼ばれていただけあって，今でも人気の観光地だよね。

ユキさん：そうだね。外国人観光客も多いし，テーマパークやエンターテインメントでわくわくする場所が多いしね。

大介さん：大阪は，京都と共に⑨元禄文化の中心になった土地だから，今でも文化の発信地という感じがするね。

ユキさん：そういえば，⑩天保の改革の時に，江戸・大阪周辺の大名や旗本の領地を幕府の直轄地にしようという動きもあったね。経済と文化の力を持つ大阪は，幕府にとっても重要な場所だったのだろうね。

問８　下線部⑧について，江戸時代の大阪には交通網の発達により全国から多くの物資が集まっていた。江戸時代の交通網の発達に関して述べた次の文ａ～ｄについて，正しいものの組み合わせを，次のア～エから１つ選び記号で答えなさい。

ａ　日本海と大阪を結ぶ東まわり航路が開かれた。

ｂ　日本海と大阪を結ぶ西まわり航路が開かれた。

ｃ　江戸と京都を結ぶ東海道が整備された。

ｄ　江戸と京都を結ぶ日光街道が整備された。

ア　ａ・ｃ　　イ　ａ・ｄ　　ウ　ｂ・ｃ　　エ　ｂ・ｄ

問９　下線部⑨について，当時の世相や町人・武士のくらしをありのままに浮世草子とよばれる小説にえがいた大阪の町人を答えなさい。

問10　下線部⑩について，天保の改革以後の江戸幕府の動きについて述べた文として適当なものを，次のア～エから１つ選び記号で答えなさい。

ア　外国船に対しては，燃料・食料などを与えて引き取らせる方針から軍事力で打ち払うという強硬な方針に変更した。

イ　大老井伊直弼が朝廷の許可なしに結んだ日米和親条約は，領事裁判権を認め，日本に関税自主権がなかった。

ウ　開国後，日本は欧米諸国から圧迫を受けるようになり，幕府が中心となって尊王攘夷運動が発展した。

エ　大政奉還が行われたが，旧幕府軍は新政府軍と対立して戊辰戦争が始まり，北海道の函館で旧幕府軍が降伏した。

令和５年度

宮崎学園高等学校　入学試験問題

社　　会

（令和５年１月２５日　時間：45分）

（　注　　　意　）

１　「始め」の合図があるまで，このページ以外のところを見てはいけません。
２　問題用紙は，表紙を除いて14ページで，問題は４題です。
３　「始め」の合図があったら，まず解答用紙に受験学科名および受験番号，氏名を記入し，次に問題用紙のページ数を調べて，異常があれば申し出なさい。
４　答えは，必ず解答用紙の答えの欄に記入しなさい。
５　印刷がはっきりしなくて読めないときは，だまって手をあげなさい。問題内容や答案作成上の質問は認めません。
６　「やめ」の合図があったら，すぐに鉛筆をおき，解答用紙だけを裏返しにして，机の上におきなさい。

1　ばねの性質について調べるために，実験１～実験３を行った。ばねＡや糸の重さは考えないものとして次の問いに答えなさい。

実験１　図１のように，ばねＡにおもりをつるし，ばねＡの長さを測定し，表１に結果をまとめた。

図１

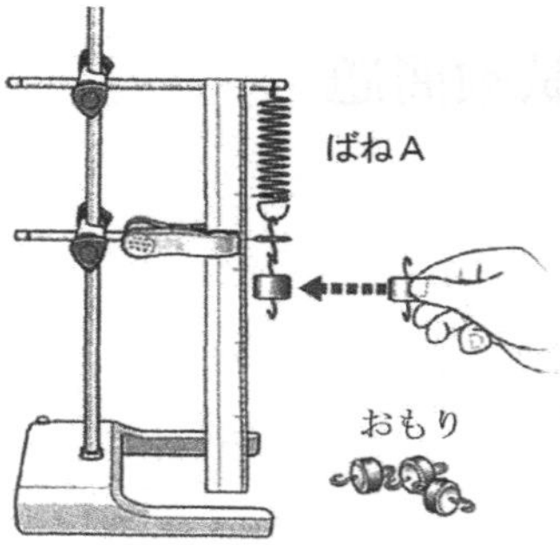

表１

おもりの重さ [N]	0.2	0.4	0.6	0.8	1.0
ばねＡの長さ [cm]	12	14	16	18	20

(1)　実験１において，ばねＡに重さが 0.1N のおもりをつるした。おもりが静止したときの，ばねＡの長さは何 cm か。

実験２　図２のように，ばねＡと糸を用いて，床の上にある物体Ｐをゆっくり真上に手で引いていったところ，図３のように，ばねＡの長さが 18 cm のときに物体Ｐは床から離れた。その後，図４のように物体Ｐの高さが床から 10 cm の高さまで持ち上げた。

図２

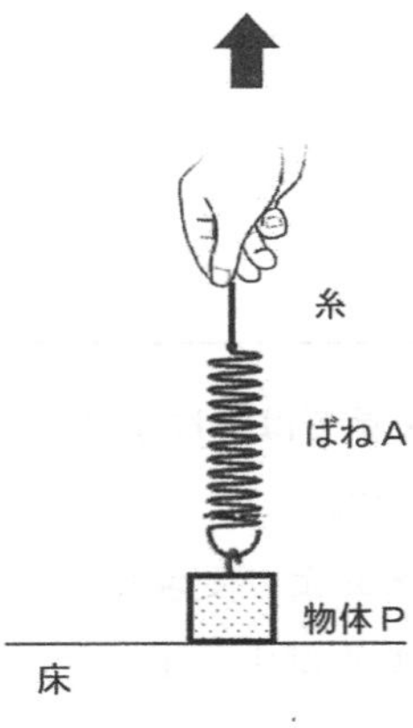

図３

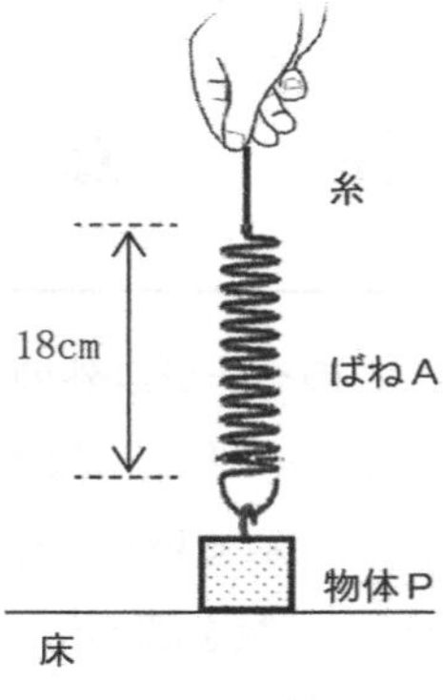

図４

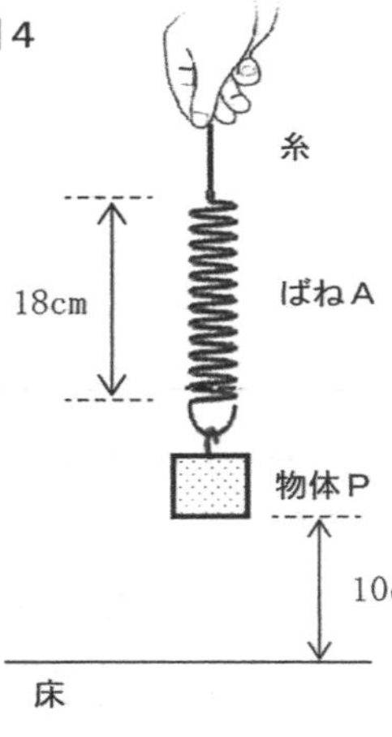

(2)　実験２において，ばねＡの長さが 14 cm になったときの床からの垂直抗力の大きさは何Ｎか。

(3)　実験２において，物体Ｐが床からはなれてから 10 cm の高さになるまでに手が物体Ｐにした仕事は何Ｊか。

実験３　図５のように，ばねＡにつるした物体Ｐを静かに水中に沈めたところ，物体Ｐが静止したときのばねＡの長さは 15 cm であった。

図５

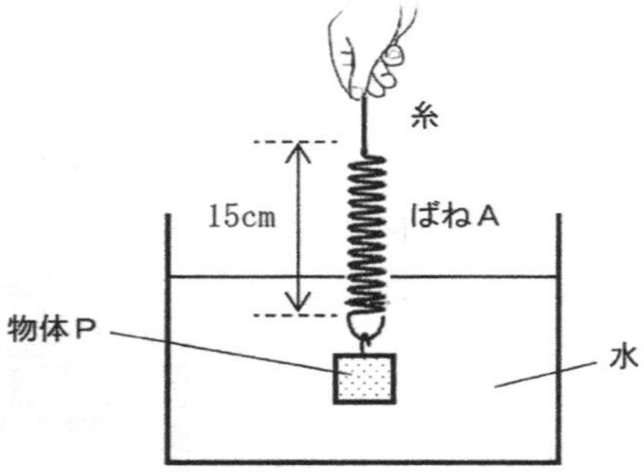

(4)　実験３　において，水中にある物体Ｐには浮力がはたらいている。浮力についての説明として**誤っているもの**を次の**ア**～**エ**から１つ選び，記号で答えなさい。

ア　浮力は，水中にある物体が水圧によって生じる力を受け，上面と下面に生じる力の差があることによって生じる。

イ　水中にある物体は，物体にはたらく浮力よりも重力が小さいとき，浮かびあがる。

ウ　水中にある物体にはたらく浮力は，水面から深くなるほど大きくなる。

エ　水中にある物体にはたらく浮力の大きさについての法則を，アルキメデスの原理という。

(5)　実験３　において，物体Ｐが静止しているときの物体Ｐにはたらく浮力の大きさは何Ｎか。

2 あきさんとはるさんは，理科の授業中に５種類のＡ～Ｅの水溶液を見分けるため実験を行った。先生の説明によると，５種類の水溶液は，塩化ナトリウム水溶液，硫酸亜鉛水溶液，エタノール水溶液，うすい塩酸，水酸化ナトリウム水溶液のいずれかである。次の問いに答えなさい。

【実験】

1．５種類それぞれの水溶液を試験管に少量ずつ取り，マグネシウム片を入れたところ，Ｂの水溶液からは気体が発生した。また，Ｄの水溶液ではマグネシウム片の表面が変化し，灰色の固体が現れた。

2．それぞれの水溶液を試験管に少量ずつ取り，フェノールフタレイン溶液を入れたところ，Ａの水溶液の色が変化した。

3．図のようにして，それぞれの水溶液に電流が流れるかどうか調べたところ，Ｅの水溶液には電流が流れなかった。

図

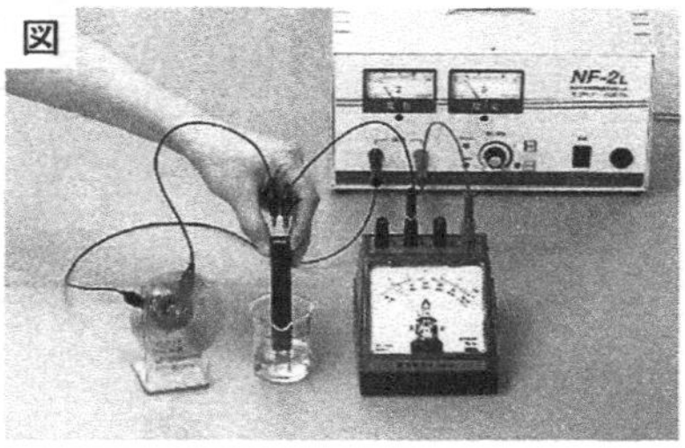

(1)　Ｂの水溶液は酸性・中性・アルカリ性のいずれか，答えなさい。

(2)　Ｂの水溶液から発生した気体の性質として正しいものを次の**ア～ウ**から１つ選びなさい。

ア　水性ペンで色を付けたろ紙を近づけると，ペンの色が消える。
イ　火のついた線香を近づけると，線香が激しく燃える。
ウ　火のついたマッチを近づけると，気体が燃える。

(3)　ともこさんは，Ｄの水溶液に起きた変化を次のように説明した。①および②にあてはまる金属をそれぞれ化学式で答えなさい。

（　①　）と（　②　）では，（　①　）の方が陽イオンになりやすいため，
（　①　）がイオンとなってとけ出し，（　②　）の単体が現れたと考えられる。

(4)　フェノールフタレイン溶液を入れたＡの水溶液は何色に変化したか，答えなさい。

(5)　塩酸の溶質は何か，名称および化学式を答えなさい。

(6)　3.5％の塩化ナトリウム水溶液を400gつくりたい。水何ｇに塩化ナトリウム何ｇを溶かせばよいか，答えなさい。

(7)　Ａ～Ｅの水溶液はそれぞれ何か，答えなさい。

(8)　Ａの水溶液とＢの水溶液を混ぜたところ，たがいの性質を打ち消し合う反応が起きた。この時の変化として正しいものを，次の**ア～ウ**から**すべて**選び，記号で答えなさい。

ア　混ぜる前の水溶液に比べ，溶液の温度が高くなった。
イ　水に溶けやすい塩が生成した。
ウ　水上置換法で集められる気体が発生した。

3 メンデルによる遺伝の研究に関する文を読み、次の問いに答えなさい。

エンドウの種子を丸くする遺伝子をA，しわにする遺伝子をaとする。①丸い種子をつくるエンドウとしわのある種子をつくるエンドウをかけ合わせたところ，その子の代では、すべて丸い種子となった。また，その子どうしをかけ合わせ，孫の代の形質を調べた。②孫の代に現れた，形は丸いが遺伝子の組み合わせがわからない種子を調べるために，さらにかけ合わせをおこなった。ただし，顕性形質（優性形質）は丸い種子とする。

エンドウ

丸い種子
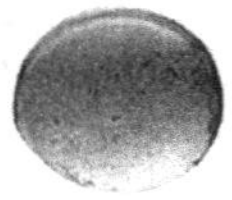

しわのある種子

(1)　下線①の遺伝子の組み合わせを答えなさい。

(2)　丸い種子の遺伝子の組み合わせは全部で何種類あるか答えなさい。

(3)　下線②について，かけ合わせによって生じた丸い種子としわのある種子の比について，正しいものを次の**ア**～**エ**から１つ選び，記号で答えなさい。

ア　丸い種子をつくるエンドウにしわのある種子をつくるエンドウをかけ合わせて，丸い種子としわのある種子の数の比が３：１になったので，丸い種子の遺伝子の組み合わせはAAである。

イ　丸い種子をつくるエンドウにしわのある種子をつくるエンドウをかけ合わせて，丸い種子としわのある種子の数の比が１：１になったので，丸い種子の遺伝子の組み合わせはAaである。

ウ　丸い種子をつくるエンドウにしわのある種子をつくるエンドウをかけ合わせて，丸い種子としわのある種子の数の比が３：１になったので，丸い種子の遺伝子の組み合わせはAaである。

エ　丸い種子をつくるエンドウに丸い種子をつくるエンドウをかけ合わせて，丸い種子としわのある種子の数の比が３：１になったので，丸い種子の遺伝子の組み合わせはAAである。

4 温度や水蒸気量の異なる４つの気体Ａ～Ｄがある。この温度と，気体中の水蒸気量はそれぞれ表１の通りであった。また，表２は温度と飽和水蒸気量の関係を表したものである。次の問いに答えなさい。

表１

気体	A	B	C	D
温度［℃］	30	25	20	15
水蒸気量［g/㎥］	18.0	10.0	13.0	12.0

表２

温度［℃］	12	15	20	25	30
飽和水蒸気量［g/㎥］	10.7	13.6	17.3	23.1	30.4

(1) Aの湿度は何%か，答えなさい。答えは小数第1位まで求めなさい。

(2) Bの水蒸気量は変化させずに湿度を高くするにはどうすればよいか，10字以内で答えなさい。

(3) ある山の地表付近の水蒸気をよくふくむ空気の温度は25℃で，これが山の斜面にそって上昇すると，地点Xで雲ができ始めて山頂に達した。**図１**は、そのようすを模式的に表したものである。地点Xの空気の温度は15℃，山頂での空気の温度は12℃であったとすると，地表における，空気のかたまりの湿度は何%か，答えなさい。答えは小数第1位まで求めなさい。

図１

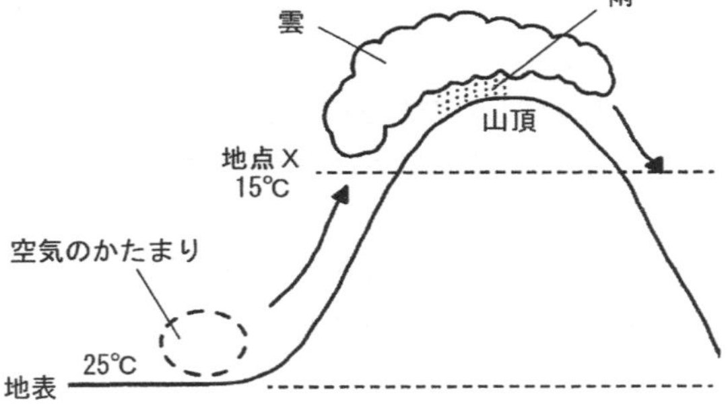

令和５年度

宮崎学園高等学校　入学試験問題

理　　科

（令和５年１月２５日　時間：45分）

（　注　　　意　）

1　「始め」の合図があるまで，このページ以外のところを見てはいけません。
2　問題用紙は，表紙を除いて 11 ページで，問題は 8 題です。
3　「始め」の合図があったら，まず解答用紙に受験学科名および受験番号，氏名を記入し，次に問題用紙のページ数を調べて，異常があれば申し出なさい。
4　答えは，必ず解答用紙の答えの欄に記入しなさい。
5　印刷がはっきりしなくて読めないときは，だまって手をあげなさい。問題内容や答案作成上の質問は認めません。
6　「やめ」の合図があったら，すぐに鉛筆をおき，解答用紙だけを裏返しにして，机の上におきなさい。

9 ユキさんとメイさんの昼食時の会話を読んで，後の問いに答えなさい。

Yuki : It's lunch time. I'm very hungry.

Mei : So am I. Let's have lunch together now!

Yuki : OK. Wow! Your *packed lunch looks beautiful! The *slices of green pepper are fresh. The fried chicken and sausages are nice and brown. The rice balls are turned into cute animal faces decorated by *dried seaweed. [a] ?

Mei : No, my mother did. I just cut dried seaweed to make animal faces. It was a lot of fun. However, in fact, these are all made of vegetables. Have you ever heard of *substitute food?

Yuki : Yes. I'm interested in *dieting, so I've checked *vegetable-based foods such as *soy meat and *almond milk before. I hear we eat too much *animal fat these days. [b] ?

Mei : That's right. These fried chicken and sausages are made of soy beans. It is said that soy beans are called "beef in the field."

Yuki : I've heard of it before. Vegetable-based foods sound so healthy and would be good for our diet. Are you a *vegetarian?

Mei : No, I'm not. But I've not eaten any meat or fish since my little dog died last month. So my mother worried about my health and began to make *meals with substitute food. Will you try one of these?

Yuki : Oh, thank you!

Mei : [c] ?

Yuki : It's so delicious. It *tastes the same as real chicken. Your mother is a good cook!

Mei : Thank you. She often says we'll be able to solve various problems thanks to substitute food.

Yuki : [d] ? Foods made of vegetables have *low fat and low calories.

Mei : I agree. And I've read farmers need a lot of land and water to keep farm animals. To get larger land, they are cutting down forests all over the world. ① It has been destroying our nature.

Yuki : I didn't know that. Then we can solve environmental problems with substitute food.

Mei : In the social studies class, we have learned there are people who mustn't eat beef or *pork because of *religious reasons. Substitute food is helpful for such people.

Yuki : We can also save farm animals' lives. ② Not only people but also all the animals should live in harmony on earth. [e] ?

Mei : I think so, too.

Yuki : I want to make my packed lunch with substitute food next time. I hope I can *lose weight and live a healthier life!

Mei : Now, we have to finish eating lunch before afternoon classes. To eat meals slowly is important for our healthy life.

Yuki : You're right. Let's enjoy our lunch!

5 次の各組の２文がほぼ同じ意味になるように，（　　）にそれぞれ適切な１語を入れなさい。

(1) Japan has four seasons.
= (　　) (　　) four seasons in Japan.

(2) The old man was so tired that he could not work.
= The old man was (　　) tired (　　) work.

(3) There were a lot of apples in the box.
= The box was (　　) (　　) apples.

(4) She knows how to use a computer.
= She (　　) (　　) a computer.

(5) We don't know when he was born.
= We don't know when (　　) (　　) is.

6 次の各場面でどの英文を使うのが最も適切か，それぞれ適切な記号を選びなさい。

(1) 勉強に集中したいのでテレビを消してほしい場面。
ア　Will you turn off the TV ?
イ　Shall I turn off the TV?
ウ　Do I have to turn off the TV?

(2) 相手の意見に賛同する場面。
ア　I don't think so.
イ　That's a good idea.
ウ　I'm afraid you are wrong.

(3) 「明日は晴れないと思う」と伝える場面。
ア　I think that it will not be sunny tomorrow.
イ　I think that it will be sunny tomorrow.
ウ　I don't think it will be sunny tomorrow.

7 次の日本文に合うように（　　）内の語を並べ替えて3番目と5番目にくる語句の記号を書きなさい。ただし，文頭にくる語も小文字にしてあります。

(1) 私の仕事を手伝ってくれますか。
(ア help　イ can　ウ me　エ my　オ you　カ work　キ with) ?

(2) 私はこのかばんをどこに置くかを彼女に尋ねなければならない。
(ア put　イ must　ウ ask　エ this　オ her　カ where　キ I　ク to　ケ bag).

(3) 彼らは彼らの猫をキャンディと名付けました。
(ア named　イ cat　ウ they　エ Candy　オ their).

8 あなたの将来の夢について，以下の条件に従って英語で書きなさい。

○ ３文以上の英文で書くこととします。
○ 各文はそれぞれ３語以上とします。
○ 符号（,.?! など）は，語数に含みません。

1 次の各組で，下線部の発音が他の３つと異なるものを１つ選んで，記号で答えなさい。

(1)　ア　together　　イ　think　　ウ　thick　　エ　something
(2)　ア　old　　イ　go　　ウ　woman　　エ　alone
(3)　ア　cloud　　イ　famous　　ウ　mouse　　エ　house
(4)　ア　above　　イ　another　　ウ　along　　エ　among
(5)　ア　leave　　イ　season　　ウ　meat　　エ　great

2 次の対話文において，最も強調して発音される語(句)を１つ選び，記号で答えなさい。

(1)　A : How many brothers do you have?
　　B : I(ア) have(イ) three(ウ).

(2)　A : Where did you go during summer vacation?
　　B : I(ア) went(イ) to Kanagawa(ウ) with my family(エ).

(3)　A : How do you go to school?
　　B : I(ア) go(イ) to school(ウ) by train(エ).

(4)　A : When do you do your homework?
　　B : I(ア) do(イ) my homework(ウ) after dinner(エ).

(5)　A : Which subject do you like the best?
　　B : I(ア) like(イ) English(ウ) the best(エ).

3 (　　) 内の適切なものを選び，記号で答えなさい。

(1)　He (ア lives　イ lived　ウ has lived) in Miyazaki since he was three.
(2)　Aoshima will (ア visit　イ visited　ウ be visited) by many people.
(3)　Miyazaki is worth (ア visit　イ visiting　ウ visited) many times.
(4)　Bob and I (ア am　イ are　ウ is) good friends.
(5)　(ア Both　イ Each　ウ Many) of them has a bicycle.

4 次の各文の (　　) 内の語を適切な形に変えなさい。

(1)　That new guitar is (he).
(2)　I am looking forward to (see) you again.
(3)　My mother gets up (early) in my family.
(4)　There are many (child) in the park.
(5)　If she (have) time tomorrow, she will come to the party.

令和５年度

宮崎学園高等学校　入学試験問題

英　　　語

（令和５年１月２５日　時間：45分）

（　注　　　意　）

1　「始め」の合図があるまで，このページ以外のところを見てはいけません。
2　問題用紙は，表紙を除いて 6 ページで，問題は 10 題です。
3　「始め」の合図があったら，まず解答用紙に受験学科名および受験番号，氏名を記入し，次に問題用紙のページ数を調べて，異常があれば申し出なさい。
4　答えは，必ず解答用紙の答えの欄に記入しなさい。
5　印刷がはっきりしなくて読めないときは，だまって手をあげなさい。問題内容や答案作成上の質問は認めません。
6　「やめ」の合図があったら，すぐに鉛筆をおき，解答用紙だけを裏返しにして，机の上におきなさい。

3 Ｍストアで定価 2500 円の商品を販売することになりました。まず，春のセールで定価の 20%引きで販売しましたが，その後まだ商品の在庫があったため，夏のセールで春のセールより，さらに 2 割 5 分引きで在庫処分を行い，商品すべてを完売することができました。夏のセールにおいては原価の 25%の利益がありました。

この商品は，2 シーズンのセールにおいて合計 45 個販売し，あわせて 20000 円の利益を出すことができました。次の問いに答えなさい。

(1)　この商品の春のセールの売価を求めなさい。

(2)　この商品の夏のセールの売価を求めなさい。

(3)　この商品の原価を求めなさい。

(4)　この商品の春のセールで売れた個数を求めなさい。

2 次の問いに答えなさい。

［1］下の図のような正八角形があり，点Pは，はじめに頂点Aの位置にあります。2つのさいころを同時に1回投げて，出た目の数の和だけ，点Pが左回りに正八角形の頂点を1つずつ移動するとき，次の問いに答えなさい。

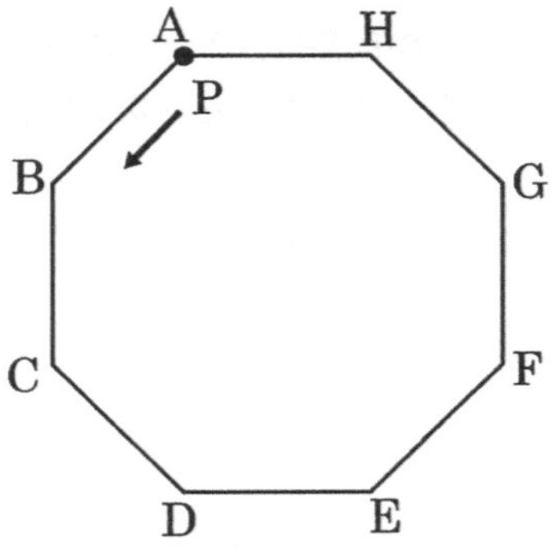

(1)　点Pが頂点Aにちょうどもどってくる確率を求めなさい。

(2)　点Pが頂点Dに移動する確率を求めなさい。

(3)　点Pがもっとも高い確率で移動する頂点はA～Hのどれですか。

［2］次のデータは，8人の生徒A～Hが受けた15点満点の小テストの結果です。次の問いに答えなさい。

生徒	A	B	C	D	E	F	G	H
得点(点)	6	14	9	15	11	3	6	12

(1)　この8人のデータの平均値を小数第1位まで求めなさい。

(2)　この8人のデータの中央値（メジアン）を求めなさい。

(3)　さらにもう一人の生徒Iの点数がx点であったとします。合計9人のデータを箱ひげ図に表したところ，下の図のようになりました。xとして考えられる値をすべて求めなさい。

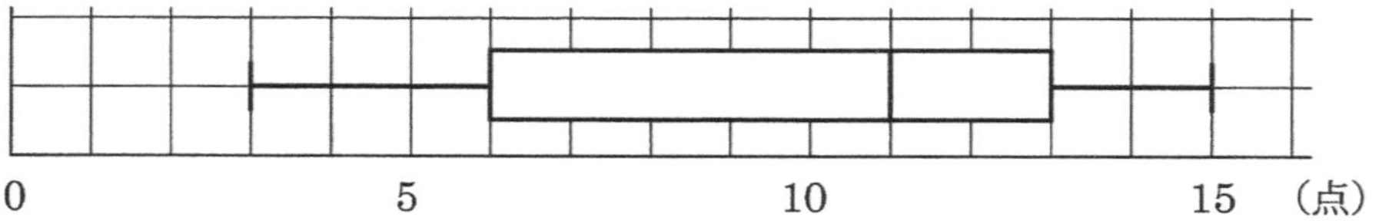

1 次の各問いに答えなさい。

(1) $8+2\times(-3)$ を計算しなさい。

(2) $-2^2\times(-3)^2$ を計算しなさい。

(3) $\dfrac{8}{\sqrt{2}}+2\sqrt{2}$ を計算しなさい。

(4) a^2-5a-6 を因数分解しなさい。

(5) x^2y-y を因数分解しなさい。

(6) 右の図１で，x の角度を求めなさい。

図１

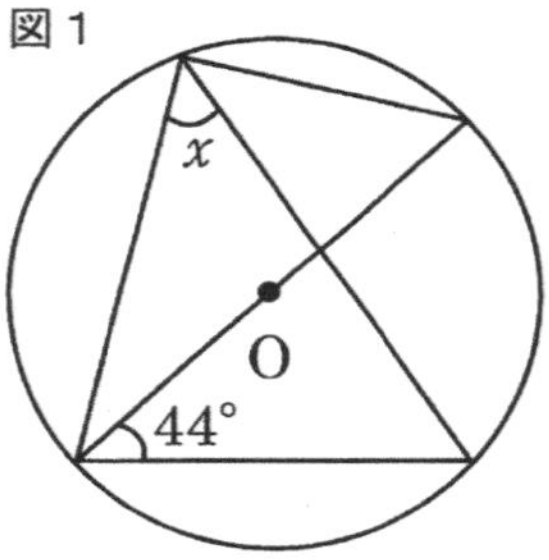

点Ｏは円の中心

(7) ２次方程式 $2x^2-7x+4=0$ を解きなさい。

(8) 連立方程式 $\begin{cases}5x-3y=1\\-3x+2y=1\end{cases}$ を解きなさい。

(9) y は x に比例し，$x=6$ のとき，$y=-2$ である。y を x の式で表しなさい。

(10) 下の図のように，線分OAと点Pを通る線分OBがあります。線分OAと接し，線分OBとも点Pで接する円を定規とコンパスを用いて作図しなさい。

ただし，作図に用いた線は消さずに残しなさい。また，分度器や三角定規の角度を使用してはいけません。

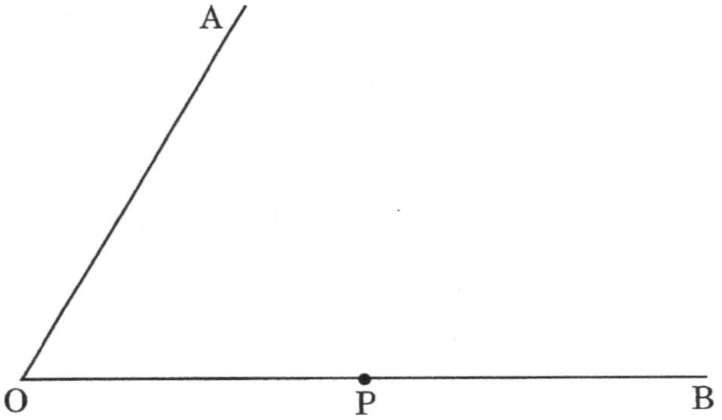

令和５年度

宮崎学園高等学校　入学試験問題

数　　学

（令和５年１月２５日　時間：45分）

（　注　　　意　）

１　「始め」の合図があるまで，このページ以外のところを見てはいけません。
２　問題用紙は，表紙を除いて６ページで，問題は６題です。
３　「始め」の合図があったら，まず解答用紙に受験学科名および受験番号，氏名を記入し，次に問題用紙のページ数を調べて，異常があれば申し出なさい。
４　答えは，必ず解答用紙の答えの欄に記入しなさい。
５　印刷がはっきりしなくて読めないときは，だまって手をあげなさい。問題内容や答案作成上の質問は認めません。
６　「やめ」の合図があったら，すぐに鉛筆をおき，解答用紙だけを裏返しにして，机の上におきなさい。

私の意見としては、決して「ヒトの手助け」以上にＡＩを頼ってはいけないと思います。あくまでＡＩはツール（道具）で、それを使う主体はリアルなヒトであるべきです。

「いや、ＡＩのほうが賢明な判断をしてくれるよ」とおっしゃる方もおられるでしょう。（　Ｂ　）、それは時と場合によります。いつも正しい答えが得られるという状況は、ヒトの考える能力を低下させます。ヒトは試行錯誤、つまり間違えることから学ぶことを成長とｃトラえ、それを「楽しんで」きたのです。喜劇のコントの基本は間違えて笑いを誘い、最後はその間違いに気づくところが面白いのです。逆に「悲劇」は、取り返しがつかない運命に永遠に縛られることに、恐怖と悲しみを覚えるのではないでしょうか。

ＡＩは、人を楽しませる面白い「ゲーム」を提供するかもしれません。しかし、リアルな世界では、ＡＩはヒトを悲劇の方向に導く可能性があります。（　Ｃ　）何よりも③私が問題だと考えるのは、ＡＩは死なないということです。

私たちは、たくさん勉強しても、死んでゼロになります。そのため、文化や文明の継承、つまり教育に時間をかけ、次世代を育てます。一世代ごとにリセットされるわけです。死なないＡＩにはそれもなく、無限にバージョンアップを繰り返します。

私は１９６３年の生まれで、大学生の時（１９８４年）にアップル社からマッキントッシュ（Ｍａｃ）のコンピュータが発売され、その後ウィンドウズが誕生したのを体験してきました。ゲームも、フロッピーディスクに入った「テトリス」を８インチの白黒画面でハイスコアを競ったものです。その後のパソコン、ゲーム機、スマホなどの急速な進歩は、本当に驚きです。

私はコンピュータの急成長も可能性も脆弱性（注３）も知っている「生みの親」世代です。そしてコンピュータが「生みの親」より賢くなっていくのを体感してきました。だからこそＡＩの危険性、つまりこのままいったらやばいと直感的に心配になるのかもしれません。④いつまで経っても子供が心配な親の心境に似ています。

その危機感について、自分の子供に相当する世代には［　Ｘ　］ことができますが、孫の世代にはどうでしょうか。孫たちにとってはヒト（特に親）の能力をはるかに凌駕（注４）したコンピュータが生まれながらにして存在するのです。タブレットで読み・書き・計算を教わり、私情が入らないようにと先生代わりのＡＩが成績をつけるという時代にならないとも限りません。そんな孫の世代にとっては、ＡＩの危険性よりも信頼感のほうが大きくなるのは当然です。

死なないＡＩは、私たち人間と違って世代を超えて、進歩していきます。一方、限られた私たちの寿命と能力では、もはや複雑すぎるＡＩの仕組みを理解することも難しくなるかもしれませんね。人類は１つの能力が変化するのに最低でも何万年もかかります。その人類が自分たちでコントロールすることができないものを、作り出してしまったのでしょうか。

進歩したＡＩは、もはや機械ではありません。ヒトが人格を与えた「エイリアン」のようなものです。しかも死にません。どんどん私たちが理解できない存在になっていく可能性があります。

死なない人格と共存することは難しいです。（　Ｄ　）、身近に死なないヒトがいたら、と想像してみてください。その人とは、価値観も人生の悲哀も共有できないと思います。非常に進歩したＡＩとはそのような存在になるのかもしれません。

　多くの知識を溜《た》め込み、いつも合理的な答えを出してくれるＡＩに対して、人間が⑤従属的な関係になってしまう可能性があります。私たちがちょうど自分たちより寿命の短い昆虫などの生き物に抱くような、ある種の「優越感」と逆の感情を持つのかもしれません。「ＡＩはｄイダイだな」というような。

　ヒトには寿命があり、いずれ死にます。そして、世代を経てゆっくりと変化していく──それをいつも主体的に繰り返してきましたし、これからもそうあることで、存在し続けていけるのです。ＡＩが、逆に人という存在を見つめ直すいい機会を与えてくれるかもしれません。［Ｙ］

（小林武彦『生物はなぜ死ぬのか』より）

注１　ネット人格…インターネットやＳＮＳにおいて、現実とは使い分けられた人格。アバター（分身）。

注２　汎用型人工知能…特定の課題にのみ対応するのではなく、人間と同じようにさまざまな課題を処理可能な人工知能。

注３　脆弱《ぜいじゃく》…もろくて弱いこと。また、そのさま。

注４　凌駕《りょうが》…他をしのいでその上に出ること。

問一　二重傍線部ａ～ｄのカタカナを漢字に直しなさい。

問二　空欄（　Ａ　）～（　Ｄ　）に当てはまる言葉として最も適切なものを次の**ア**～**エ**からそれぞれ一つ選び、記号で答えなさい。

ア　そして　　**イ**　例えば　　**ウ**　しかし　　**エ**　つまり

問三　傍線部①「ヒトが仕事を失って不幸になる」を品詞分解した組み合わせとして最も適切なものを次の**ア**～**エ**から一つ選び、記号で答えなさい。

ア　名詞・助詞・名詞・助詞・動詞・助詞・名詞・助動詞・動詞

イ　名詞・助詞・名詞・助動詞・動詞・助詞・動詞・形容動詞

ウ　名詞・助詞・名詞・助詞・動詞・助詞・名詞・助詞・動詞

エ　名詞・名詞・動詞・助詞・名詞・助詞・動詞

問四　傍線部②「使い方を間違うとかなり危険だと思っています」とあるが、それはなぜか。本文中の語句を用いて六十字以内で答えなさい。（ただし、句読点は字数に含む。）

問五　傍線部③「私が問題だと考えるのは、ＡＩは死なないということです」とあるが、筆者がそう考える理由として、最も適切なものを次の**ア**～**エ**から一つ選び、記号で答えなさい。

ア　死なないと考えられていたＡＩがコンピュータウイルスによって使えなくなることで、人類は大きな損害を被ってしまう可能性があるから。

イ　ＡＩに頼りきってしまうことで、人類がひとりではなにもできない存在となり、ＡＩによって滅ぼされてしまうことにつながる可能性があるから。

ウ　ＡＩは死ぬことがなく人間と違って世代を超えて進歩していくことができるため、人類が理解やコントロールができない存在になっていく可能性があるから。

エ　人間は時間をかけて次世代を育てなければならないが、ＡＩにはその必要がないため、人間の仕事を奪われてしまう可能性があるから。

問六　空欄［Ｘ］に当てはまる言葉として、最も適切なものを次の**ア**～**エ**から一つ選び、記号で答えなさい。

ア　お灸《きゅう》をすえる

イ　腹をすえる

ウ　腕をならす

エ　警鐘を鳴らす

問七　次の文は、傍線部④「いつまで経っても子供が心配な親の心境」についてまとめたものである。空欄（Ⅰ）～（Ⅲ）にあてはまる表現をそれぞれ（Ⅰ）は十一字、（Ⅱ）は十五字、（Ⅲ）は三字で本文から抜き出して答えなさい。

> コンピュータが（　Ⅰ　）している孫の世代は、コンピュータが（　Ⅱ　）のを体感していないため、ＡＩの（　Ⅲ　）を感じていないことを心配している。

問八　傍線部⑤「従属的」の本文中における対義語を、三字で抜き出して答えなさい。

問九　空欄［Ｙ］に入るのに最も適切な一文を次の**ア**～**エ**から一つ選び、記号で答えなさい。

ア　生き物はＡＩと共存していくことによって、「生きる価値」を共有することができるのです。

イ　生き物は全て有限な命を持っているからこそ、「生きる価値」を共有することができるのです。

ウ　ＡＩと「主体の逆転」が起こらないように、人類も進歩し続ける必要があるのです。

エ　ＡＩと「主体の逆転」が起こらないように、ＡＩの危険性を認識した上で活用する必要があるのです。

三 次の文章を読んで、後の問いに答えなさい。

（設問の都合上、一部表記を改めた箇所がある。）

昔、藤原真楯《ふじわらのまたて》の三男に内麿《うちまろ》の右大臣《うだいじん》という人がいて、朝廷《ちょうてい》に仕《つか》えていた。次の文章はこの内麿の若いころの話である。

A身の才《ざえ》やんごとなくて、殿上人《てんじやうびと》(注1)のほどより公《おほやけ》に仕《つかま》つり給《たま》ひて(朝廷にお仕えなさって)、Bそのおぼえめでたくなむおはしける。世の人皆重く敬《うやま》ひて随《したが》はぬ者なかりけり(従わない者はいなかった)。①形・有様《ありさま》愚《おろか》なる事なかりけり(普通ではなかった)。また、心直《こころうるは》しくて人にaもちゐられて(重用されていらっしゃった)なむbおはしける。

しかるに(さて)、この大臣(内麿)年いまだ若くおはしける時に、他戸《をさべ》の宮《みや》と申す太子《たいし》おはしけり。白壁《しらかべ》(注2)の天皇の御子《みこ》なり。Cその人心猛《たけ》くして、人に恐れられてなむおはしける。その時に一《ひと》つの悪馬《あくめ》(注3)ありけり。人の乗らむとする時に必ず踏み咋《く》ふ(踏んでかみついた)。しかれば(だから)敢《あ》へて人乗る事なかりけり。しかる間、かの他戸の御子、内麿に命じてこの悪馬に乗らしむ。しかれば内麿この馬に乗り給ふに、万《よろづ》の人(すべての人)これを見て恐怖《おそ》れて、「内麿定めて(きっと)この馬に咋ひ踏まれて損《そん》じ給ひなむとす」とDいとほしく思ひ合へりけるに、内麿乗り給ふに、この馬頭《かしら》を垂《た》れて動《はたら》く(暴れる)事なし。されば内麿事なく乗り給ひぬ。その後、度々《どど》(何度も)鞭《むち》を打ち給ふに、馬なほ(やはり)動かず。さて、庭を度々打《うち》廻《めぐ》りて下《お》り給ひにけり。これを見聞く人、内麿を讃《ほ》めて、「Eこれただ人《びと》にもおはせざりけり」とぞ思ひける。

昔はかかる人なむおはしける(このような人がいらっしゃった)となむ、語り伝へたるとや。

（『今昔《こんじやく》物語集』より）

注1　殿上人…宮中《きゅうちゅう》の殿上の間（宮中で働く位の高い貴族が天皇のお言葉を聞くために集まる部屋）への出入りを許された人。

注2　白壁の天皇…光仁《こうにん》天皇。

注3　悪馬…気性が荒々しい暴れ馬。

問一　二重傍線部a「もちゐられて」・b「おはしける」を現代仮名づかいに改め、ひらがなで書きなさい。

問二　傍線部①「形・有様」の本文中での意味として、最も適切なものを次の**ア**～**エ**から一つ選び、記号で答えなさい。

ア　身分・地位
イ　行動・性格
ウ　容姿・態度
エ　才能・技術

問三　波線部A「身の才やんごとなくて」とは、どういうことか。最も適切なものを次の**ア**～**エ**から一つ選び、記号で答えなさい。

ア　身分が非常に高いということ。
イ　強い権力を持っているということ。
ウ　人よりも立派な体格であるということ。
エ　生まれつき優れた才能を持っているということ。

問四　波線部B「そのおぼえめでたくなむおはしける」とは、どういうことか。最も適切なものを次の**ア**～**エ**から一つ選び、記号で答えなさい。

ア　天皇の信頼が厚かったということ。
イ　内麿の記憶力がすぐれていたということ。
ウ　世間の人たちの間で有名だったということ。
エ　他の殿上人たちから尊敬されていたということ。

問五　波線部C「その人」とはだれか。最も適切なものを次の**ア**～**エ**から一つ選び、記号で答えなさい。

ア　殿上人　　**イ**　内麿
ウ　他戸の宮　　**エ**　白壁の天皇

問六　波線部D「いとほしく思ひ合へりける」について、次の問いに答えなさい。

（1）「いとほしく」とは、どのような意味か。最も適切なものを次の**ア**～**エ**から一つ選び、記号で答えなさい。

ア　恐ろしく　　**イ**　気の毒に
ウ　興味深く　　**エ**　腹だたしく

（2）人々はなぜそう思ったのか。その理由についてまとめた次の説明文の空欄を、三十字以内で補いなさい。

内麿が（　　　　　　　　）と思ったから。

問七　波線部E「これただ人にもおはせざりけり」とあるが、人々は、なぜ内麿のことを「ただ人」ではないと思ったのか。その理由についてまとめた次の説明文の空欄を、二十字以内で補いなさい。

内麿が（　　　　　　　　）から。

問八　本文に述べられている内容と一致するものを、次の**ア**～**エ**から一つ選び、記号で答えなさい。

ア　内麿は非のうちどころがない立派な人物で、人々から尊敬され重んじられていた。

イ　内麿のような努力家でなければ、困難な状況に遭遇《そうぐう》してもうまく切り抜けることができない。

ウ　他戸の宮が嫌がらせをしたのは、人々から信頼されている内麿のことが気にくわなかったからである。

エ　人々は他戸の宮のことを恐れていたので、命令を受け悪馬に乗ろうとする内麿を止めることができなかった。

令和四年度

宮崎学園高等学校　入学試験問題

国　語

（令和四年一月二十六日　時間：四十五分）

（注　意）

1 「始め」の合図があるまで、このページ以外のところを見てはいけません。

2 問題用紙は、表紙を除いて十一ページで、問題は三題です。

3 「始め」の合図があったら、まず解答用紙に受験学科名および受験番号、氏名を記入し、次に問題用紙のページ数を調べて、異常があれば申し出なさい。

4 答えは、必ず解答用紙の答えの欄に記入しなさい。

5 印刷がはっきりしなくて読めないときは、だまって手をあげなさい。問題内容や答案作成上の質問は認めません。

6 「やめ」の合図があったら、すぐに鉛筆をおき、解答用紙だけを裏返しにして、机の上におきなさい。

一　次の文章を読んで、後の問いに答えなさい。

都内の電機メーカーに勤める広志には高校生の娘、美緒がいる。美緒はある時期を境に母親との折り合いが悪くなり、現在、広志の父が営む染織工房に身を寄せている。広志は、その父とは最近まで数十年間、絶縁状態にあった。本文は広志が娘の様子を見に、工房を訪れている場面である。

山崎工藝《こうげい》舎は自分の代で終わらせるつもりだと常々父は言っており、息子は家業を継がなくてもよいと言っていた。

それでも心のどこかで、東京の大学を卒業したら、①息子が帰ってくることを期待していたのかもしれない。

夜の十時。風呂から上がった広志は、タオルを肩にかけて廊下に出る。

息子が電機メーカーに就職した翌年、父は山崎工藝舎の規模を縮小し、作業場も含めた大半の機能をこの家から盛岡市内のショウルームに移した。

空いた部屋は、(注1)蒐集《しゅうしゅう》品の収蔵と来客のもてなしの場、そして母の作業場用に大きく改装したので、子どもの頃に過ごした家の間取りは残っていない。

二階にある客用の寝室にあがろうとすると、父が大きな箱を載せた台車を押してきた。白い(注2)長襦袢《ながじゅばん》の上に、黒っぽい着物をガウンのようにして羽織っている。

「②ちょうどよかった。手伝ってくれるか」

父の代わりに台車を押し、昔は工房だった一階の部屋に入った。

入ってすぐの部屋には薪ストーブがまだ設置されていた。

このストーブのまわりで、父は友人たちと餅を焼いたり酒の燗《かん》をつけたりしながら、芸術談義をしていた。名のある文化人とも楽しげに議論を交わす父は誇らしかったが、同時にこの人にはとてもかなわないと思った。

その友人たちもここ数年のうちに、新聞でたびたび訃報《ふほう》を見かけた。

しっかりした足取りで父が歩いていく。最初に玄関で会ったときはずいぶん弱って見えたが、それからは衰えをあまり見せない。

「これ、どこに置くの、お父さん」

「このあたりでいい。箱の中身を出してくれ」

鉱物を並べた棚の前を父が指差し、年季が入ったウィンザーチェアに座った。

台車から箱を降ろし、広志は中身を取り出す。

長い間、この家に帰らなかったこと、そして母の通夜の席でのふるまいを詫《わ》びたい。しかし、昼間に会って以来、父は何事もなかったかのように接してくるので、言い出せない。

お父さん、と呼びかけると、父が視線を向けた。

ガウンにしている単衣《ひとえ》の着物が玉虫色にa鈍く光っている。寝巻き代わりの長襦袢との組み合わせは無国籍風で、ファンタジー映画に出てくる賢者のようだ。

「なんだ？　A神妙な顔をして」

「③あの……脱衣場にある洗濯機、うちの社のだね。ありがとう」

「お前のところの洗濯機は優秀だな」

「しっかり(注3)作ってるからね。洗濯とか、美緒はどうしているの？東京では真紀が全部やってたんだけど」

「各自でやっている。最近は楽だ。干さなくてもスイッチひとつで乾燥までしてくれる。美緒は寝る前にスイッチを押して、朝、それを部屋に持っていっているよ。お前は今、何を作ってるんだ」

「冷蔵庫の扉における……って言ってもわかんないと思う。僕も説明しづらい」

父がたもとから煙草《たばこ》を出した。

「今は冷蔵庫に関わっているということか」

父が運んでいた箱から出てきたのは、母が使っていた糸車（注4）だった。脚の部分に幼い頃に貼った、ビックリマンチョコのシールが付いている。

「これ、お母さんのだね。どうするんですか？」

「美緒の練習用に出してきた。しばらく使っていないから、手入れをしないと。美緒と話はできたのか？」

「b肝心なことは何も」

美緒は夕方六時過ぎにショウルームから帰ってきたが、B浮かない顔のままだ。そのあと父が頼んだ持ち帰りの寿司を取ってきて、三人で食べたが、やはり会話は続かない。食事を終えるとそそくさとシャワーを浴び、自分の部屋に入ってしまった。

「部屋に入ってしまうと声をかけづらくて。女の子はわからないです」

「たしかにな」

父が椅子から立ち上がり、部屋の奥へ行った。

「お父さんも？　美緒とはいいコミュニケーション、取れてるみたいなのに」

「それでもお前や太一（注5）とはどうも勝手が違う。この間、あの子の仕草が可愛らしくて笑ったら、急に黙り込んで何も言わなくなった」

「そうなんだよ。ときどき何も言わなくなる。理由があるんだろうけど思い当たらない」

奥から戻ってきた父が、糸車の潤滑油を差し出した。

「塗ってくれ。手入れの方法は覚えているだろう」

糸車の整備を始めると、父が隣に座った。（注6）丁字《ちょうじ》の匂いがする煙草に火を付けている。

パチパチと音がして、熱帯の花の香りが立ちのぼった。

「この間、コレクションを人にc譲った」

「どのコレクションですか？　レコード？　陶器？　じゅうたん？」

「さじだ。興味d津々の顔で美緒が見ていたから、どれでも好きなものを譲ると言うと、（注7）浄法寺《じょうほうじ》の塗りを手に取った」

「教えたんですか？　岩手の漆器だと」

「いや、何も。どうしてこれがいいんだと聞いたら、なぜかわからないけど好きだと言った」

めんこいな、と父がつぶやいた。

「だから④生きづらそうなのがつらい。大丈夫、とあの子はよく言う。何に対して大丈夫なのかと聞くと、口癖なのだと」

「たしかによく言うよ」

なんて口癖だ、と父が嘆き、ゆったりと煙草の煙を吐いた。

『大丈夫、まだ大丈夫』。そう思いながら生きるのは苦行だ。人は苦しむために生まれてくるんじゃない。遊びをせんとや生まれけむ……楽しむために生まれてくるはずだ。毎日を苦行のようにして暮らす子を追い詰めたら姿を消すぞ。家出で済んでよかった。少なくともこの世にはとどまっている」

「縁起でもないことを言わないでよ」

「失ってから気付いても遅いんだ。追いつめられた者の視界は狭い。⑤安全なところに手を引いてやれるのは身内だけだぞ」

袂《たもと》から出した携帯灰皿で、父が煙草を押し消した。

広志、とあらたまった声がする。

「⑥私の過ちをくり返すな」

色褪《あ》せたキャラクターのシールに父が触れた。

「今のお前は昔の私と一緒だ。家族とじっくり向き合って話すのを避けている。その結果がどうなったのか。お前が一番よく知っているじゃないか」

シールから手を離した父と目が合った。これまで見たことがない、おだやかな顔をしている。

新しい煙草に火をつけ、父が窓を開けにいった。

糸車に油を差し、ペダルを踏む。

丁字の甘い香りのなかで、糸車は再び回り始めた。

（伊吹有喜『雲を紡ぐ』文藝春秋刊より）

注1　蒐集…寄せ集めること。
注2　襦袢…和服用の下着の一つ。
注3　真紀…広志の妻、美緒の母親。
注4　糸車…綿などを糸に紡ぐための装置。
注5　太一…工房の従業員の息子。工房に良く出入りしている。
注6　丁字…フトモモ科の常緑高木。よい香りがある。
注7　浄法寺…浄法寺町。岩手県二戸市の地名。

問一　二重傍線部a～dの漢字の読みを答えなさい。

問二　波線部A「神妙な」・B「浮かない」の本文中における意味として最も適切なものを、次の**ア**～**エ**からそれぞれ一つずつ選び、記号で答えなさい。

A　神妙な

ア　素直でおとなしい
イ　しっかりと力強い
ウ　仰々《ぎょうぎょう》しく丁寧な
エ　何気なく曖昧《あいまい》な

B　浮かない

ア　無愛想で感情の無い
イ　恐ろしく近寄りがたい
ウ　真面目で落ち着いた
エ　心が晴れやかでなく暗い

問三　傍線部①「息子が帰ってくること」を詳しく言い換えた次の文章の空欄に当てはまる語句を考え、五字で答えなさい。

息子が地元に帰ってきて【　　　　】こと。

問四　傍線部②「ちょうどよかった」とあるが、こう発言した父の心情として最も適切なものを、次の**ア**～**エ**から一つ選び、記号で答えなさい。

ア　作業を口実に、広志と美緒の話をする機会を持とうとしている。

イ　身体が衰えたため、力のいる仕事を息子に任せたいと思っている。

ウ　息子の会社の製品を褒め、息子との関係を修復しようとしている。

エ　父としての自覚に欠ける息子を叱る、良い機会だと思っている。

問五　傍線部③「あの……」について、この時の広志の心情を説明したものとして最も適切なものを、次の**ア**～**エ**から一つ選び、記号で答えなさい。

ア　過去の自分のふるまいを謝りたいが父を前にして怖気《おじけ》づいている。

イ　父が自社製品を使ってくれていたことを知り胸が熱くなっている。

ウ　何をどこからどう話そうか考えがまとまらず言葉に詰まっている。

エ　美緒が迷惑をかけていないかおそるおそる聞こうとしている。

問六　傍線部④について、父は「生きづらそう」な美緒のことをこれより後の部分で何と表現しているか。十五字で抜き出して答えなさい。

問七　傍線部⑤「安全な～身内だけだぞ」・⑥「私の過ちをくり返すな」とあるが、父は広志にどのようなことを伝えようとしているのか。本文中の言葉を用いて四十五字以内で答えなさい。（ただし、句読点は字数に含む。）

問八　本文の表現についての説明として適切なものを次の**ア**～**オ**から二つ選び、記号で答えなさい。

ア　擬音語や擬態語を用いることで、広志と父との間にある緊迫感を高めている。

イ　色彩表現や嗅覚を呼び起こすような表現を用いることによって、場面の情景を浮かびやすくしている。

ウ　糸車は人間関係の暗示であり、広志と美緒の関係性が今後悪化していくことをそれとなく示している。

エ　体言止めの繰り返しによって、二人の会話の言外に表れている思いを情感豊かに描いている。

オ　会話の中に敬語を織り交ぜることで、広志の父に対する微妙な心理的距離を表現している。

二　次の文章を読んで、後の問いに答えなさい。

（設問の都合上、一部表記を改めた箇所がある。）

皆さんは勝ちたい、負けたくない。弱いのは嫌だ、強くなりたい。そう思うことがあるかもしれません。皆さんは、自分の中に弱さを見つけることがありますか？　弱い自分が嫌になることがありますか？　そうだとすれば、幸いです。何しろ自然界を見渡してみれば「弱い生き物たち」が繁栄しているからです。「弱い」ことはａセイコウの条件であるかのようです。そんなバカな、と思うかもしれません。自然界は「弱肉強食」の世界です。強い者が生き残り、弱い者が滅びてゆくそんなイメージがあるかもしれません。しかし、①強い者が生き残るとは限らないのが、自然界のじつに面白いところなのです。皆さんは強そうな生き物というと、どんな動物を想像しますか？　百獣の王ライオンや、猛獣のトラを思い浮かべるかもしれません。オオカミやホッキョクグマも強さでは負けていないかもしれません。あるいは、巨大な体のゾウやサイも強そうです。大空を飛ぶワシやコンドルも王者の風格があります。ただ、これらの生物はどれも絶滅が心配されている生き物②ばかりです。強そうな猛獣たちは、弱い生き物をエサにして生きています。これらの猛獣が一〇〇匹のネズミを食べているとします。その場合、ネズミが五〇匹に減ってしまえば、猛獣たちはエサがなくて死んでしまうのです。しかし、ネズミは五〇匹に減っても、五〇匹で生きていくことができます。強そうに見える生き物が絶滅の危機にあるというのは、じつは弱い生き物に頼って生きているからと言えるでしょう。

「雑草は強い」皆さんには、そんなイメージがありませんか。ところが、植物学の教科書には、雑草が強いとは書いてありません。それどころか、「雑草は弱い植物である」と説明されています。しかし、私たちの身の回りに生えている雑草は、どう見ても強そうに見えます。もし、弱い植物であるのなら、どうして私たちの身の回りにこんなにはびこっているのでしょうか。弱い植物である雑草が、どうして、こんなにも強く振る舞っているのか。どうやら、そこにこそ「強さとは何なのか？」を考えるヒントがありそうです。まずはその秘密をｂサグってみることにしましょう。

「雑草が弱い」というのは、「競争に弱い」ということです。自然界では、激しい生存競争が行われています。弱肉強食、(注1)適者生存が、自然界の厳しい掟《おきて》です。それは、植物の世界もまったく同じです。植物は光を奪い合い、競い合って上へ上へと伸びていきます。そして、枝葉を広げて、遮蔽《しゃへい》し合うのです。もし、この競争に敗れ去れば、他の植物の陰で光を受けられずに枯れてしまうことでしょう。雑草と呼ばれる植物は、③この競争に弱いのです。野菜畑などでは、雑草は野菜よりも競争に強いように思えるかもしれません。確かに、人間が改良した植物である野菜は、人間の助けなしには育つことができません。そんな野菜よりは、抜いても抜いても生えてくる雑草の方が競争に強いかもしれません。しかし実際のところ、自然界に生えている野生の植物たちは、そんなに弱くはありません。雑草の競争力などとても太刀打ちできないのです。どこにでも生えるように見える雑草ですが、じつはたくさんの植物が④しのぎを削っている森の中には生えることができません。豊かな森の環境は、植物が生存するのには適した場所です。しかし同時に、そこは激しい競争の場でもあります。（　Ａ　）、競争に弱い雑草は深い森の中に生えることができないのです。もしかすると、森の中で雑草を見たとい

［2］ AB＝AC である二等辺三角形 ABC において，頂点 C から辺 AB に垂線 CE をひき，辺 BC 上の点 P から 2 辺 AB，AC にそれぞれ垂線 PD，PF をひきます。

CE＝10，CF＝3，△PCF の面積を 6 とします。

このとき，BD の長さを求めなさい。

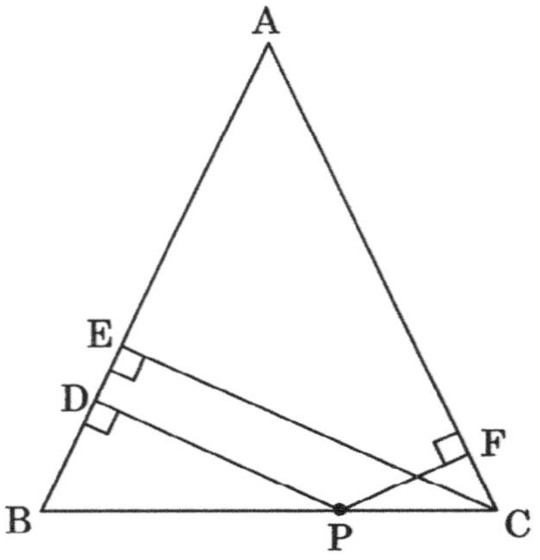

6 次の文章を読んで問いに答えなさい。

［1］ AB＝ACである二等辺三角形ABCにおいて，頂点Cから辺ABに垂線CEをひきます。次に，辺BC上に適当に点Pをとります。点PからAB，AC，CEにそれぞれ垂線PD，PF，PHをひきます。このとき，PD＋PF＝CEとなることを，次のように証明しました。次の (1) ～ (5) にあてはまる最も適当なものを，下の【語群】ア～セの中から1つずつ選んで，記号で答えなさい。

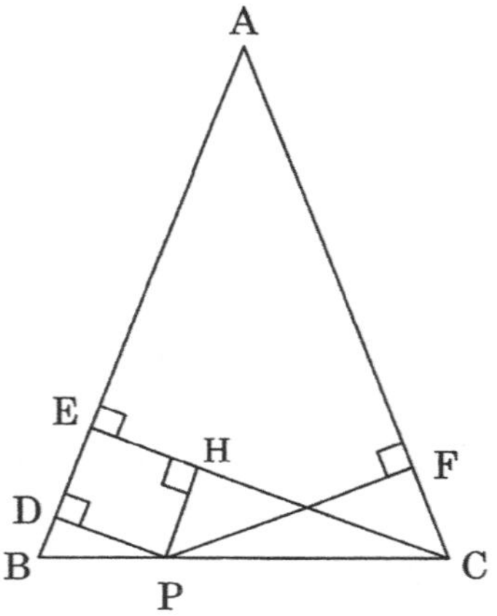

［証明］

四角形DEHPが長方形になるから，

PD＝ (1) …①

△HPCと△FCPにおいて

PC＝ (2) （共通）…②

∠PHC＝∠CFP＝90°（仮定）…③

また，AB∥HPだから，同位角が等しいので

∠ABC＝∠ (3)

△ABCは二等辺三角形だから

∠ABC＝∠FCP

よって　∠ (3) ＝∠FCP　…④

②，③，④より， (4) から

△HPC≡△FCP

これより　PF＝ (5) …⑤

①，⑤より　PD＋PF＝ (1) ＋ (5) ＝CE

［証明終わり］

【語群】

ア	EBC	イ	DPB	ウ	HE	エ	CP	オ	CF
カ	HPC	キ	CAE	ク	DE	ケ	CH	コ	AF

サ　3組の辺の長さがそれぞれ等しい

シ　2組の辺の長さとその間の角の大きさがそれぞれ等しい

ス　直角三角形の斜辺と1つの鋭角がそれぞれ等しい

セ　直角三角形の斜辺と他の1辺がそれぞれ等しい

5 机の上に6枚のカードがあります。6枚のカードには，Aから F までの文字がかかれています。太郎さんと花子さんは、右の正六角形を使って，次のルールに従ってゲームをします。

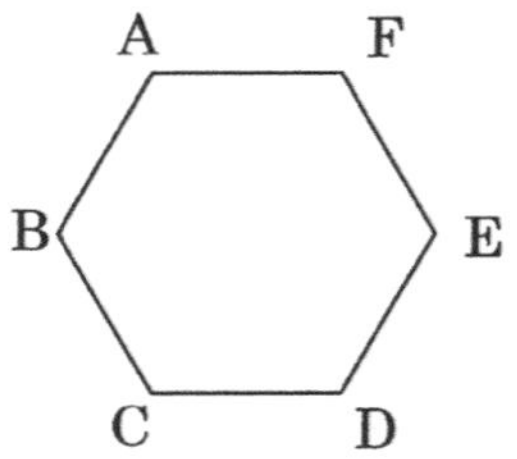

【ルール 1】

太郎さんが先にカードを 2 枚選びます。続けて，花子さんが残り 4 枚のカードから 2 枚選びます。

【ルール 2】

太郎さんが選んだカードにかかれている文字と同じ文字がかかれた 2 つの頂点を結びます。次に，花子さんが選んだカードにかかれている文字と同じ文字がかかれた 2 つの頂点を結びます。2 人がかいた線分が交われば成功です。

次の問いに答えなさい。

(1) 太郎さんのカードの選び方は全部で何通りありますか。

(2) 太郎さんが選んだ後で，花子さんのカードの選び方は全部で何通りありますか。

(3) 太郎さんが A と C のカードを選びました。ゲームが成功するとき，花子さんのカードの選び方は何通りありますか。

(4) 太郎さんが A と D のカードを選びました。ゲームが成功するとき，花子さんのカードの選び方は何通りありますか。

(5) ゲームが成功する確率を求めなさい。

問1　次の表の（ 1 ）と（ 2 ）に入る国名を第1段落の中から選び，それぞれ英語1語で答えなさい。

	国名	世界のごみ排出量に対する各国のごみ排出量の割合	世界の人口に対する各国の人口の比率
1位	China（中国）	15.5%	18%
2位	India（インド）	12%	17.5%
3位	the U.S.（アメリカ合衆国）	12%	4%
4位	Indonesia（インドネシア）	3%	3%
5位	Brazil（ブラジル）	4%	3%
6位	Russia（ロシア）	2.5%	1.8%
7位	Mexico（メキシコ）	2%	1.5%
8位	（ 1 ）	2%	1.5%
9位	（ 2 ）	2%	1%
10位	Turkey（トルコ）	1.5%	1%

問2　空欄［ 1 ］に入る最も適切な英語を，次の**ア**～**ウ**から1つ選び，記号で答えなさい。

ア　China's population is smaller than other countries

イ　China's population is larger than other countries

ウ　China's population is changing so much every year

問3　第4段落には，話の流れからすると不自然な文が1つ入っている。ないほうがよい文を下線部①～④の中から1つ選び，番号で答えなさい。

問4　空欄［ 2 ］に最も適切な英語を入れるには，それぞれ (A) と (B) をどのように組み合せればよいか。次の**ア**～**ク**のうちから1つ選び，記号で答えなさい。

(A) difficult	⇒	(A) for everyone	⇒	(A) to decrease garbage
(B) important		(B) for someone		(B) to increase garbage

ア (A) → (A) → (A)　**イ** (A) → (A) → (B)　**ウ** (A) → (B) → (A)　**エ** (A) → (B) → (B)

オ (B) → (A) → (A)　**カ** (B) → (A) → (B)　**キ** (B) → (B) → (A)　**ク** (B) → (B) → (B)

問5　第6段落の太下線部の連語 use up の意味に最も近いものを，次の**ア**～**ウ**から1つ選びなさい。

ア　使い捨てる

イ　使い分ける

ウ　使い切る

問6　第6段落の二重下線部の文の内容について，あなたが思いつく方法を日本語で1つ書きなさい。

問7　本文の内容と合っているものは○，違うものには×をつけなさい。

(1)　The population of India is larger than the population of China.

(2)　The U.S. should improve their recycling system to decrease garbage.

(3)　There are still enough land to carry garbage after they burn it.

10 次の英文を読み，表を見て，後の問いに答えなさい。

How much *garbage do Japanese people *throw away in a year? If you put them in 25-meter swimming *pools, you will need about 420,000 pools! If you put all those pools together, it would be about 500 kilometers long. This may be a big surprise to you, but this is only about 2% of all the garbage which people throw away in the world. Japan has *the same percentage as Mexico and *Germany and has *the eighth largest amount of garbage in the world.

In China, people throw away the world's largest amount of garbage. This amount is about 15.5% of all the world's garbage. One of the reasons for this is that [1]. It is about 18% of the world's population. India has a little smaller population than China. It has *the second largest amount of garbage which people throw away in the world.

You can find that the countries which have more populations *tend to have more amount of garbage. However, the population of the U.S. is only about 4% of the world's population, but it has the third largest amount of garbage. It is said that this is because the *recycling system of the U.S. is not good enough.

Why do people throw away so much garbage? ① There are many reasons. ② One of the main reasons is probably the *increase of the *disposable products. ③ Another reason is most of the food products which convenience stores and supermarkets sell are in *plastic packaging. ④ To get plastic bags, you have to pay for them. Some people throw away clothes to buy new ones. Other people throw away old electronic devices to get new ones. Our life has become much better, but garbage has increased a lot.

Where does the garbage go if we cannot burn it? People carry garbage to forests, mountains, and seas to *bury it. However, there are not so many places to do so. If the amount of garbage continues to increase, there will be more places which have a lot of garbage under the grounds. Our beautiful nature will disappear. To stop this, it is [2].

What is the best way to decrease garbage? For example, eat all the food when you eat breakfast, lunch, and dinner. Use up all your pencils and *erasers. Use an *eco bag, not plastic bags from the store when you go shopping. Do not use disposable products such as paper cups, plates, and disposable *chopsticks. There are many other ways to decrease garbage. Let's start with small things that we can do around us. It is very important for our future to decrease garbage little by little.

*garbage　ごみ　　*throw away　捨てる　　*pools　プール
*the same percentage as　～と同じ割合　　*Germany　ドイツ
*the eighth largest　８番目に多い　　*the second largest　２番目に多い
*tend to　～する傾向がある　　*recycling system　リサイクルのシステム　　*increase　増加
*disposable product　使い捨ての製品　　*plastic packaging　プラスチックの包装
*bury　埋める　　*erasers　消しゴム　　*eco bag　エコバッグ　　*chopsticks　箸（はし）

*the Olympics opening ceremony　オリンピック開会式　　*impressed　印象を与えた
*noticed　気づいた　　*a long time ago　昔は　　*firefighter　消防士　　*spread　広がり
*rings　輪　　*planted　植えられた　　*what you liked　あなたが好きだったもの
*tools　道具　　*worry　心配事　　*fewer　少数の　　*concert halls　コンサートホール
*exit　出口　　*invented　発明された
*am proud of　～を誇りに思う　　*cheer them on　彼ら、彼女らを応援する

問１　(a)～(e)に入る最も適当なものを，次の**ア**～**オ**の中から１つずつ選び，記号で答えなさい。

ア　we can learn more about Japan again.
イ　Have you ever heard Hikeshi?
ウ　so I' ve ever heard most of them.
エ　Tell us more!
オ　I was really looking forward to it.

問２　①と③の単語を適切な形になおしなさい。

問３　下線部② I hope so, too! について，メイさんが望んでいることは何かを日本語で答えなさい。

問４　④を並べ替えて意味の通る英文にしなさい。

問５　本文の内容に合っているものは○，合っていないものには×で答えなさい。

(1)　メイさんは開会式の音楽は初めて聞くものばかりだった。
(2)　ジュンさんは“*Hikeshi*”について詳しかった。
(3)　オリンピックのピクトグラムは海外で初めて使用された。
(4)　三人は今回のオリンピックで日本についてもっと知ることができた。

5　図はある地震が起きたときの震源距離と２種類のゆれＸ，Ｙがそれぞれ各地に届くまでに要した時間の関係を示している。次の問いに答えなさい。

図

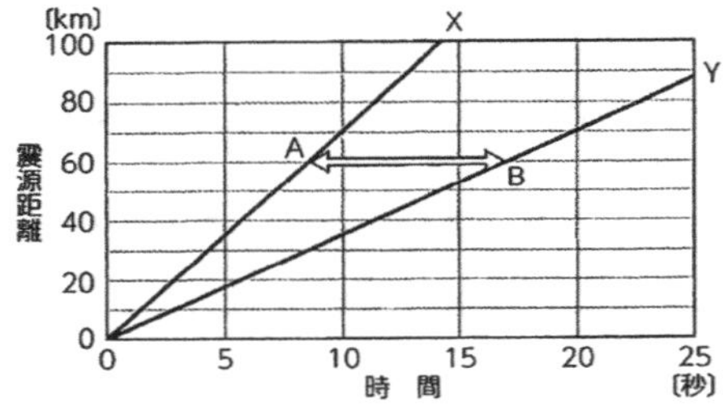

(1)　図において，固体中しか伝わらないのはX，Yのどちらか，答えなさい。

(2)　図のXが伝わる速さは何km/sか，答えなさい。

(3)　ABの時間差を何というか，答えなさい。

(4)　図から，(3)と震源距離の関係について述べた次の文の（　）に適する語を入れなさい。

震源距離は(3)に（　　　　）する。

(5)　この地震を観測した観測地点において，(3)の長さが20秒であったとき，震源から観測地点までの距離は何kmか，答えなさい。

(6)　次の文は，日本で起こる地震について述べたものである。下線部が正しいものは○，誤っているものは訂正しなさい。

①　震度は震源距離だけでなく大地のかたさによっても異なる。

②　震源が深い地震は，大陸プレートと海洋プレートのうち，沈み込む方の大陸プレートに沿って起こる。

③　震度は０～７の８段階によって示す。

④　震源からの距離が同じ地点であれば，マグニチュードが大きい方が断層ができる範囲は広い。

6　そうたさんとみどりさんが，いろいろな植物の花や葉などを観察したときの会話文である。会話文をもとに，次の問いに答えなさい。

そうたさん：わたしたちの身のまわりには，花を咲かせる植物がたくさん見られるよね。それぞれ花弁の形や色，花の大きさはさまざまだよね。
みどりさん：アブラナは花弁が１枚１枚離れているのに対し，アサガオは(A) 花弁がくっついていることを発見したね。
そうたさん：発芽するとき，ツユクサは，子葉が１枚で，アサガオは子葉が２枚という違いもあったよね。(B) 葉脈や根を調べてもツユクサとアサガオではちがうところがあったね。
みどりさん：(C) 茎の断面にもツユクサとアサガオにはちがいがあったね。
そうたさん：(D) 植物の中には，種子でふえる植物や胞子でふえる植物もあるよ。
みどりさん：いろいろな種類の植物の共通点やちがっている点をまとめて，植物を分類してみるとおもしろいね。

(1)　下線（A）のような花を何というか答えなさい。

(2)　下線（B）のツユクサの特徴として，適するものを次の**ア**～**エ**から１つ選び，記号で答えなさい。
　ア　ツユクサの葉脈は平行脈で，太い根がなく，たくさんの細い根が広がっていた。
　イ　ツユクサの葉脈は平行脈で，１本の太い根とそこから枝分かれする細い根があった。
　ウ　ツユクサの葉脈は網状脈で，太い根がなく，たくさんの細い根が広がっていた。
　エ　ツクユサの葉脈は網状脈で，１本の太い根とそこから枝分かれする細い根があった。

(3)　下線（C）について，アサガオの茎の断面の模式図はどちらか，記号で答えなさい。

ア　**イ**

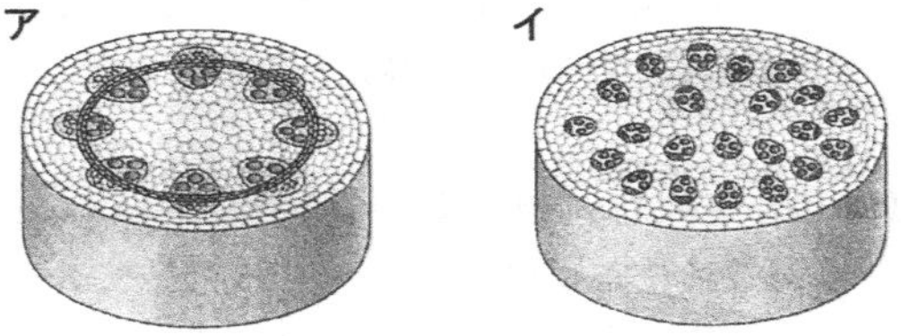

(4)　下線（D）について，胞子でふえる植物の仲間はどれか。次の**ア**～**エ**から１つ選び，記号で答えなさい。
　ア　ツツジ　　**イ**　アブラナ　　**ウ**　ゼニゴケ　　**エ**　イチョウ

(5)　**図３**はいろいろな植物の分類図の一部である。**図３**の**a**と**b**および**c**と**d**はどのような特徴に注目して分類したものか。次の**ア**～**オ**から適するものをそれぞれ選び，記号で答えなさい。
　ア　胚珠が子房のなかにあるか，子房がなく胚珠がむきだしであるか。
　イ　根・茎・葉の区別があるか，ないか。
　ウ　種子をつくるか，胞子をつくるか。
　エ　平行脈か，網状脈であるか。
　オ　根毛があるか，ないか。

図３

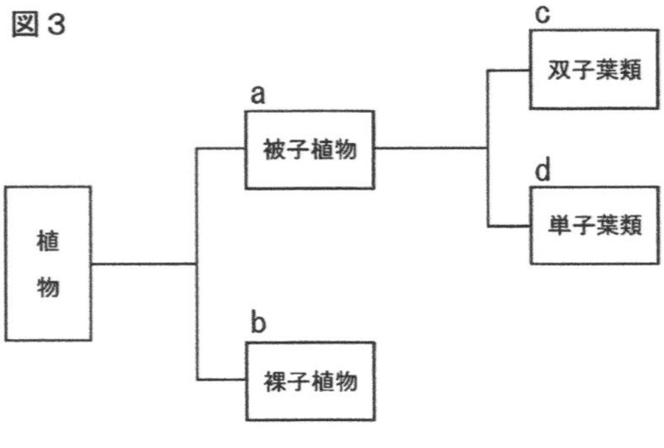

7 次の文章は地層のでき方や層にみられる岩石について述べたものである。次の問いに答えなさい。

> 地層や岩石を調べると大地の歴史を推測することができる。地層のでき方については地表が流水のはたらきによって変化し，風化によって生じたれき・砂・泥は河口まで運ばれる。これらは①｛**ア** 細かい ・ **イ** 大きい ｝粒ほど沈みにくく，河口から遠くへ運ばれる。また，土砂がくり返して運ばれ堆積すると地層ができるが，下の地層ほど②｛**ウ** 新しい ・ **エ** 古い｝。
>
> **図１**はある地域の地形図で，図中のA，B，C，Dは深さ80mのボーリングによる調査を行った地点を示している。また，数値は標高をあらわしている。
>
> **図２**はボーリング調査の結果を柱状図にしたものである。**図２**の数字は地面を０mとしてそこからの深さをあらわしている。この地層はすべて平面状に広がり，断層は生じていない。

図１

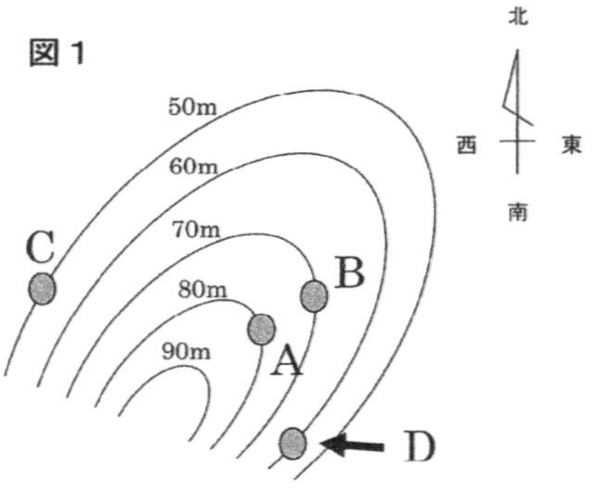

図２

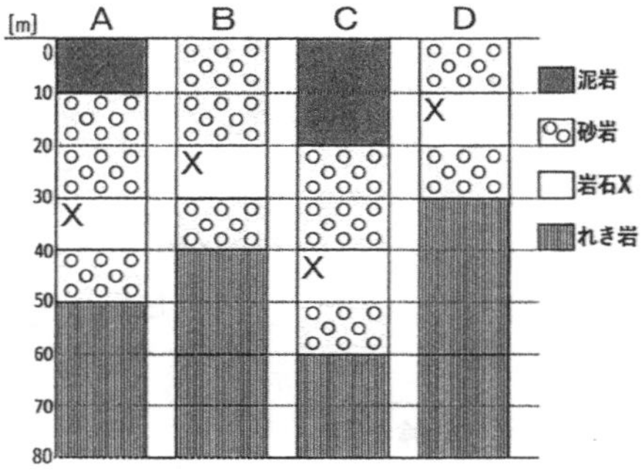

(1) 下線部に関して，陸地にある土砂が雨水や流水によってけずりとられるはたらきを何というか，答えなさい。

(2) 文中の①と②について，適する語をそれぞれ選び，記号で答えなさい。

(3) 岩石Xの層からフズリナの化石が多く見つかった。この層が堆積した地質年代はどれか，次の**ア**～**エ**から正しいものを１つ選び，記号で答えなさい。

ア 古生代より前　**イ** 古生代　**ウ** 中生代　**エ** 新生代

(4) (3)と同じ時代のできごとを述べたものはどれか，次の**ア**～**オ**から正しいものをすべて選び，記号で答えなさい。

ア 恐竜が絶滅した。
イ ビカリアが出現した。
ウ シダのなかまが出現し，大森林を形成した。
エ アンモナイトが絶滅した。
オ 三葉虫が出現した。

(5) 岩石Xにうすい塩酸をかけると気体が発生した。この気体の名称を漢字で答えなさい。

(6) **図２**のAについて，岩石Xの層の最上層は標高何mか，答えなさい。

(7) この地層はどの方角に向かって下がっている（傾いている）か，次の**ア**～**オ**から正しいものを１つ選び，記号で答えなさい。

ア 北に傾いている　**イ** 東に傾いている　**ウ** 南に傾いている
エ 西に傾いている　**オ** どの方角にも傾いていない

8 図1のようにエナメル線を巻いたコイルをつくり，［実験1］～［実験3］を行った。次の問いに答えなさい。

図1

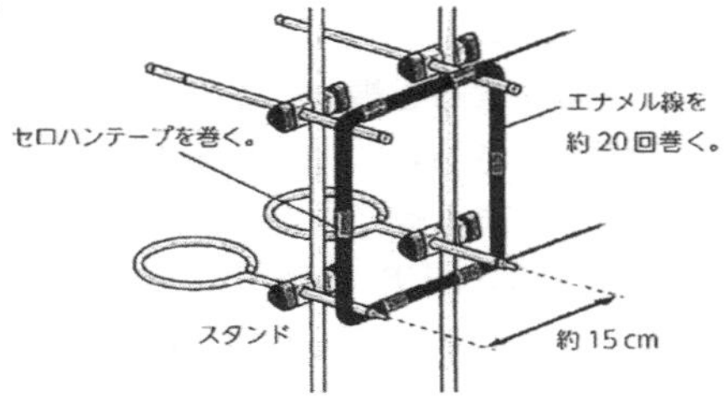

［実験1］

図2のように，コイルと発泡ポリスチレン板を設置し，導線のまわりに方位磁針を並べ，導線に電流をa→bの向きに流し，針の指す向きを観察した。図3は，上から見た様子を模式的に表しており，方位磁針の1つを**方位磁針A**とする。

図2

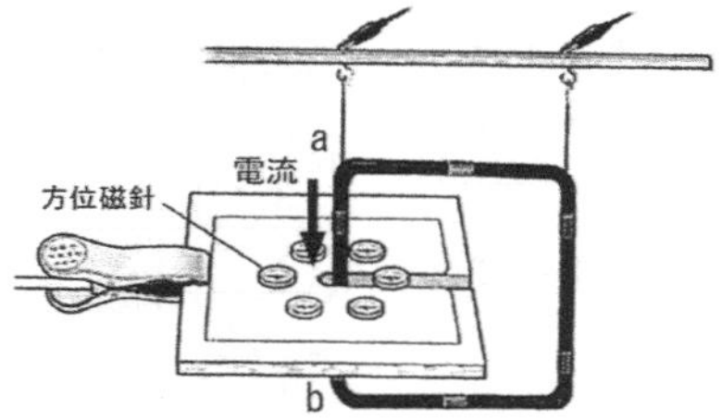

図3

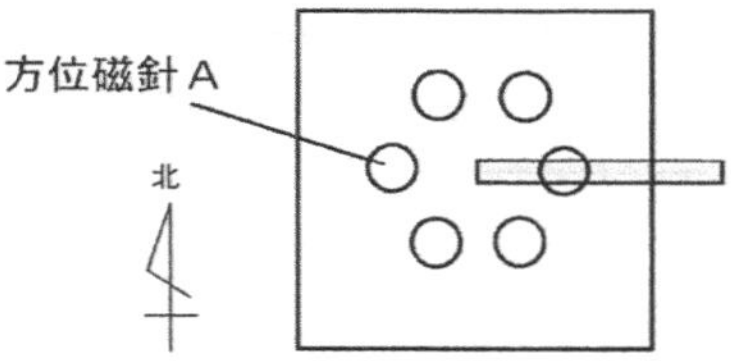

［実験2］

図4のような装置を組み立てコイルに電流を流した。電流は，図5のように導線のb→cの向きに流れている。

図4

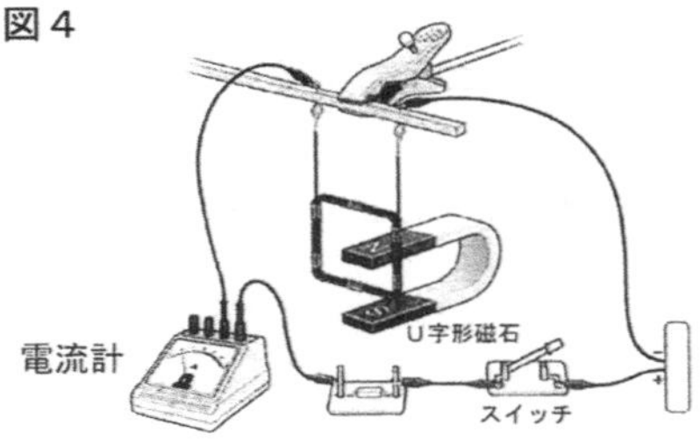

図5

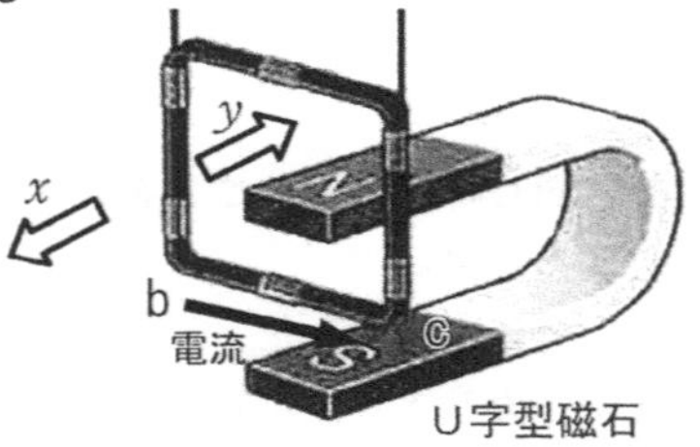

［実験3］

図6のような装置を組み立て，コイルをゆらすと電流が流れた。

図6

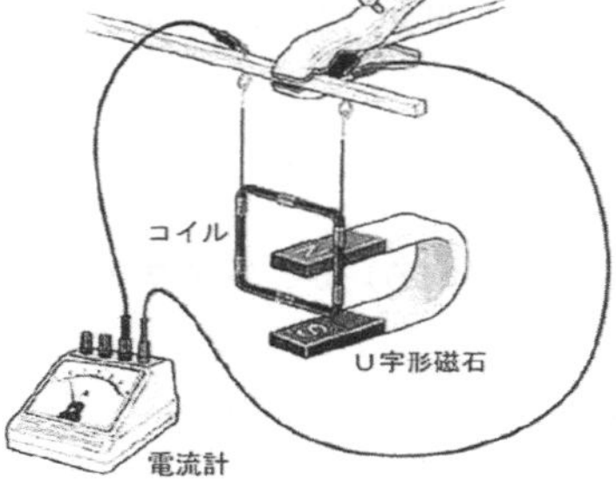

(1)　［**実験１**］で，上から**方位磁針Ａ**を見たとき，**方位磁針Ａ**のＮ極が指す向きとして正しいものはどれか。次の**ア**〜**エ**の中から１つ選び，記号で答えなさい。

ア　東　　　**イ**　西　　　**ウ**　南　　　**エ**　北

(2)　次の文章は，［**実験２**］について述べたものである。［　①　］，［　②　］に入る語句の組み合わせとして正しいものを次の**ア**〜**エ**から１つ選び，記号で答えなさい。

> 磁界の向きは，［　①　］である。**図５**のように導線のｂ→ｃの向きに電流が流れると，電流が磁界から［　②　］の向きに力を受けるので，コイルがうごく。

	①	②
ア	Ｎ極から出て，Ｓ極へ入る向き	x
イ	Ｎ極から出て，Ｓ極に入る向き	y
ウ	Ｓ極から出て，Ｎ極に入る向き	x
エ	Ｓ極から出て，Ｎ極に入る向き	y

(3)　［**実験２**］のように，電流が磁界から受ける力を利用しているものはどれか。次の**ア**〜**エ**の中から１つ選び，記号で答えなさい。

ア　モーター　　　**イ**　手回し発電機　　　**ウ**　IH 調理器　　　**エ**　ワイヤレス充電器

(4)　［**実験３**］において，電流が流れたのは，コイルの中の磁界が変化したためである。この現象を何というか，答えなさい。

(5)　［**実験３**］において，流れる電流よりも大きい電流を発生させる方法を１つ答えなさい。

問11　下線部⑪について，野口英世と北里柴三郎の功績の組み合わせとして正しいものを，次の**ア**～**エ**から１つ選び記号で答えなさい。

a　黄熱病の研究
b　赤痢菌の発見
c　破傷風の血清療法発見
d　ビタミンB1の抽出

	野口英世	北里柴三郎
ア	a	c
イ	a	d
ウ	b	c
エ	b	d

問12　空欄（　⑫　）に当てはまる人物として適当なものを，次の**ア**～**エ**から１つ選び記号で答えなさい。

ア　安井息軒　　**イ**　石井十次　　**ウ**　高木兼寛　　**エ**　小村寿太郎

問13　下線部⑬について，SDGsの５番目には「ジェンダー平等を実現しよう」という目標がある。女性の活躍の場を広げるための目標であるが，明治時代にも，新しい女性の生き方を主張して雑誌『青鞜』を創刊した人物がいた。その人物を次の**ア**～**エ**から１つ選び記号で答えなさい。

ア　市川房江　　**イ**　平塚らいてう　　**ウ**　樋口一葉　　**エ**　美空ひばり

問14　下線部⑭の渋沢栄一は，ヨーロッパの産業・制度を見聞した経験を生かし，近代産業の育成・発展に努めた。渋沢栄一が設立にかかわった富岡製糸場では，明治初期の主要な輸出品目の生産が行われた。富岡製糸場で生産されていた工業製品を**漢字２文字**で答えなさい。

問15　下線部⑮の鎌倉時代と室町時代について述べた文として**適当でないもの**を，次の**ア**～**エ**から１つ選び記号で答えなさい。

ア　鎌倉時代には，二毛作が始まり，寺社の門前や交通の要地で定期市が始まった。
イ　鎌倉時代には，親鸞の浄土真宗や道元の曹洞宗など新しい仏教が広まった。
ウ　室町時代には，土倉とよばれた高利貸しや馬借・車借の輸送業者が活躍した。
エ　室町時代には，問屋制家内工業や菜種・紅花などの商品作物の栽培が広まった。

3　**次の１班から３班の各文章は，「世界を変えたできごと」というテーマで調べた結果を発表した内容です。よく読んで，各問いに答えなさい。**

［１班］

15 世紀末，ポルトガル人の（　①　）は，こしょうなどの香辛料を直接手に入れるために，アフリカ南端の喜望峰を回って直接インドに行く航路を開きました。その後，ポルトガルは，インドや中国に拠点をおき，アジア貿易を進めていきました。
一方，イタリア人コロンブスは，スペインの支援のもとで大西洋を西に航海してアメリカ大陸付近の西インド諸島に到達しました。これ以後スペインは，中南米に広大な植民地を広げていきました。こうして，②ヨーロッパ人がアジアやアメリカに進出したことで，世界が本格的に一つに結ばれることになりました。

問１　（　①　）にあてはまる人物名を答えなさい。

問２　下線部②について，ヨーロッパ人がアジアやアメリカに進出したことにより，多くの物産がヨーロッパに持ち込まれました。アジアやアメリカの**物産でないもの**を，次の**ア**～**エ**から１つ選び記号で答えなさい。

ア　ジャガイモ　　**イ**　茶　　**ウ**　毛織物　　**エ**　陶磁器

［２班］

イギリスは，綿織物を自国でつくるために，技術を改良する努力を重ね，蒸気機関で動く機械を使って綿製品を大量生産できるようになりました。さらに製鉄，機械，造船，武器などの産業も発達し，③蒸気機関を用いた機関車や汽船によって輸送能力も高まりました。④ 19 世紀のイギリスは，「世界の工場」とよばれるようになりました。このような技術の向上による産業と社会のしくみの変化を産業革命といいます。これ以後，産業革命が波及した国々は⑤利益をめざして自由に競争する社会になっていきました。

問３　下線部③について，右図は，1825 年ストックトンとダーリントンの間を開通式で走った蒸気機関車ロコモーション号である。
この蒸気機関車を設計し，試運転した人物を，次の**ア**～**エ**から１つ選び記号で答えなさい。

ア　スチーブンソン　　**イ**　ワット　　**ウ**　シーボルト　　**エ**　ペリー

問４　下線部④について，中国や朝鮮でおこった19世紀のできごととして適当なものを，次の**ア**～**エ**から１つ選び記号で答えなさい。

ア　洪秀全は，漢民族の国をつくるために反乱をおこし，太平天国を建国しました。

イ　李成桂が建国した朝鮮では，独自の文字（ハングル）がつくられました。

ウ　中華民国が成立し，孫文が臨時大総統に就任しました。

エ　元を建国したフビライは，２度にわたり日本を攻撃しました。

問５　下線部⑤について，このような社会を何というか。解答欄に合わせて**漢字４文字**で答えなさい。

［３班］

　右図は，ドイツ，イギリス，アメリカの失業率の移り変わりを示しています。図を見ると，1929年から33年にかけて失業者が増加していることがわかります。これは，アメリカでの株価の暴落をきっかけに多くの会社や銀行が倒産して経済危機になったことが原因です。そして，この影響は，各国に広がり，世界（　⑥　）になりました。この経済危機を乗り切るために，アメリカは，⑦ニューディール政策を実施し，イギリスは，⑧植民地との貿易を拡大し，ドイツは，一党独裁体制の中で，軍備拡張して領土拡大を行いました。

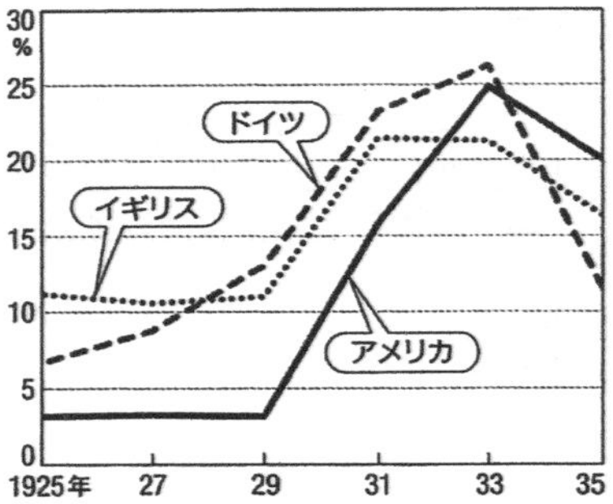

各国の失業率の移り変わり
（『マクミラン世界歴史統計』）

問６　（　⑥　）に入る適当な語句を**漢字２文字**で答えなさい。

問７　下線部⑦について，ニューディール政策では，失業者の救済について，どのような対策がおこなわれたかを具体的に答えなさい。

問８　下線部⑧について，イギリスは本国と植民地との貿易を守るために，それ以外の他国からの商品については，高い関税を課す経済政策を行った。この経済政策を何というか。解答欄に合わせて**カタカナ４文字**で答えなさい。

4 次の文章を読んで，各問いに答えなさい。

(文章)

お詫び：著作権上の都合により，掲載しておりません。ご不便をおかけし，誠に申し訳ございません。

教英出版

※本文中の下線部

①地方自治体
②憲法
③大人になったあなたは
④憲法が保障した自由・権利や平等
⑥選挙で国民が選んだ国会議員
⑦「内閣」
⑧日本
⑩国会

そして，（　5　）制を採用している⑧日本，イギリス，フランス，ドイツでは，法案は主に内閣が提出して，議会が審議して成立させます。一方，（　9　）制を採用しているアメリカなどでは，法案を提出できるのは議員だけです。

≪出典：「投票に行きたくなる国会の話」政野淳子より抜粋，一部改編≫

問１　下線部①の「地方自治体」について以下の問いに答えなさい。

［１］ 地方自治の意義と役割について，次の文中の空欄に適する語句を答えなさい。

地方自治は，地域の人々が直接に参加しながら，地域のことを合意で決めていく経験を積めることから，「（　　　）の学校」といわれています。

［２］ 地方自治と私たちの生活の記述として適当なものを，次の**ア**～**エ**から１つ選び記号で答えなさい。

ア 日本においては間接民主制を原則としており，地方自治においても住民が直接に政治参加する機会は設けられていない。

イ 各市町村は，住民登録などの住民サービス，介護や保育所などの福祉サービスだけでなく国防や外交の主体になっている。

ウ 地方公共団体は，地域における独自の決まりである政令を制定することにより，さまざまな独自の取組をしている。

エ 地方自治体の依存財源には，使いみちが特定されない地方交付税交付金や使いみちが特定される国庫支出金などがある。

問２　下線部②の「憲法」について以下の問いに答えなさい。

［１］　法の構成の上位関係を表現している **資料１「法のピラミッド」** の空欄Ａ～Ｃの組み合わせとして適当なものを，次の**ア**～**カ**から１つ選び記号で答えなさい。

≪資料１／法のピラミッド≫

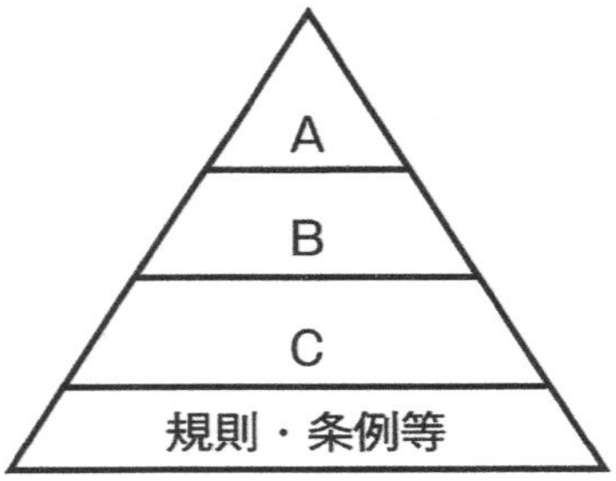

	A	B	C
ア	憲法	法律	政令・省令
イ	憲法	政令・省令	法律
ウ	法律	憲法	政令・省令
エ	法律	政令・省令	憲法
オ	政令・省令	憲法	法律
カ	政令・省令	法律	憲法

［２］　大日本帝国憲法の説明文として適当なものを，次の**ア**～**エ**から１つ選び記号で答えなさい。

ア　国民の権利は，天皇があたえる「臣民の権利」と位置づけられていた。

イ　国民の義務は，「普通教育を受けさせる」「勤労」「納税」の３つであった。

ウ　日本で最初の立憲主義の憲法であり，民定憲法として制定された。

エ　天皇は象徴として位置づけられ，陸海軍（軍隊）の統帥権を有していた。

問３　下線部③について，**資料２・３**を参考にしながら現在の中学３年生が40歳代半ばを迎える2050年の推計として**適当でないもの**を，次の**ア**～**エ**から１つ選び記号で答えなさい。

ア　日本の人口は，１億人近くまで減少している。

イ　15歳～64歳の人口比率は，現在とあまり変わらない。

ウ　日本の高齢化率は，40%近くにまで上昇している。

エ　日本だけでなく，多くの国で高齢化が進んでいる。

≪資料２／年齢別人口の推移と将来推計≫

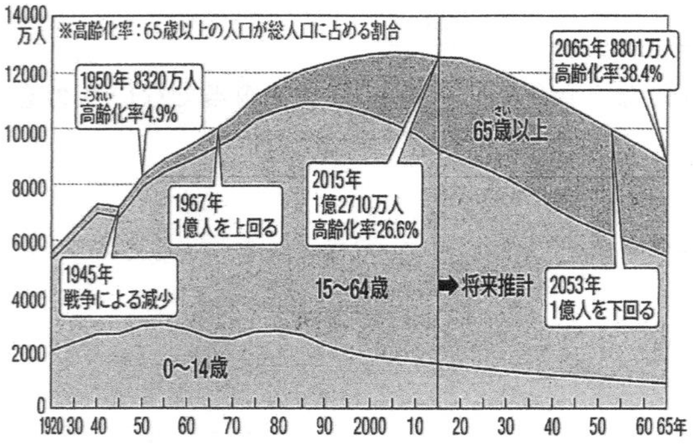

≪資料３／各国の高齢化率の推移と将来推計≫

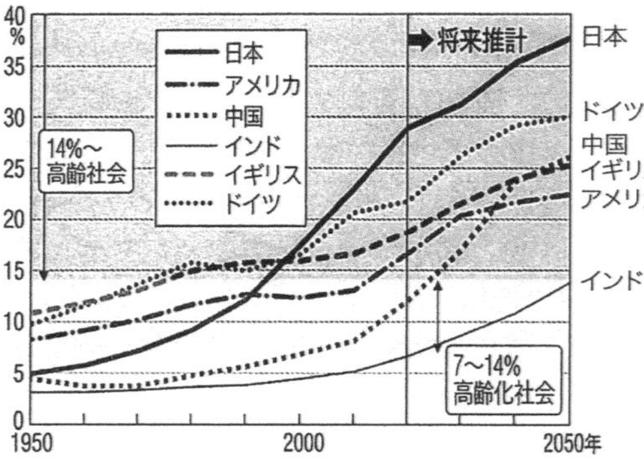

問4　下線部④の「憲法が保障した自由・権利や平等」について以下の問いに答えなさい。

［1］ 以下の文章を読んで，社会権の保障について説明している箇所として適当なものを，次の**ア**～**エ**から１つ選び記号で答えなさい。

> 私たちの生活は，各自の自由と責任に任せられるべきであり，**ア**国はむやみに，私たちの生活に立ち入るべきではありません。一方，自由な経済活動の保障は，私たちのあいだに格差を生じさせるため，**イ**私たちが人間らしい生活を送るために国の関わりが必要になることもあります。また，**ウ**私たちは積極的な政治参加により人権保障に努めることもできます。これらの人権は生まれながらの権利であることを考えると，**エ**子どもにも人権があることを忘れてはいけません。

［2］ 日本の女性国会議員の割合とその順位として適当なものを，**資料4**の**ア**～**エ**から１つ選び記号で答えなさい。（※ 日本以外の３か国は，スウェーデン・ドイツ・アメリカのいずれかの国である）

≪資料4／各国の女性国会議員の割合≫

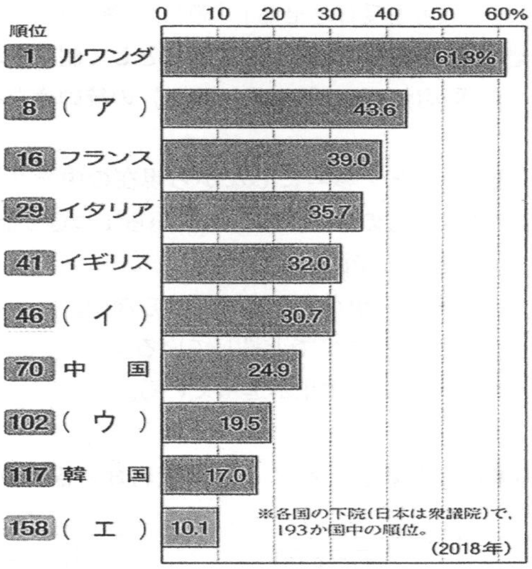

［3］ 社会の変化にともなって主張されるようになった新しい人権について**適当でないもの**を，次の**ア**～**エ**から１つ選び記号で答えなさい。

ア　プライバシーの権利　　　**イ**　知る権利
ウ　環境権　　　　　　　　　**エ**　裁判を受ける権利

問5　文中の空欄（　５　）に入る語句を答えなさい。

問6　下線部⑥について，令和３年10月31日には衆議院議員総選挙も実施されたが，衆議院議員の選挙は，小選挙区制と何制を並立させて行われているか答えなさい。

問7　下線部⑦について，内閣に関する記述として**適当でないもの**を，次の**ア**～**エ**から１つ選び記号で答えなさい。

ア　内閣は，国会で決めた法律や予算に基づいて実際に国の仕事を行う司法権を有している。

イ　内閣のもとには省・庁などの機関が置かれており，新しい省・庁の新設や再編が行われている。

ウ　内閣は，内閣総理大臣と国務大臣で構成され，国務大臣の多くは各省庁の長となる。

エ　内閣は，外交関係の処理，条約の締結，予算の作成など重要な仕事を行っている。

問8　下線部⑧について，**資料５・６**を参考にしながら日本の社会状況に関する説明文の空欄（　X　）～（　Z　）に入る語句の組み合わせとして適当なものを，次の**ア**～**ク**から１つ選び記号で答えなさい。

> **資料５**から，かつての日本では（　X　）などにより一度離職する女性が多かったが、近年になりその傾向が弱まっていることが分かる。また，**資料６**から日本では女性に比べて男性の育児休業取得率が（　Y　）ことが分かる。そのため,「仕事と生活の調和＝（　Z　）」の実現に向けた社会づくりに期待が寄せられている。

≪資料５／年齢別女性の労働力率（2017 年）≫

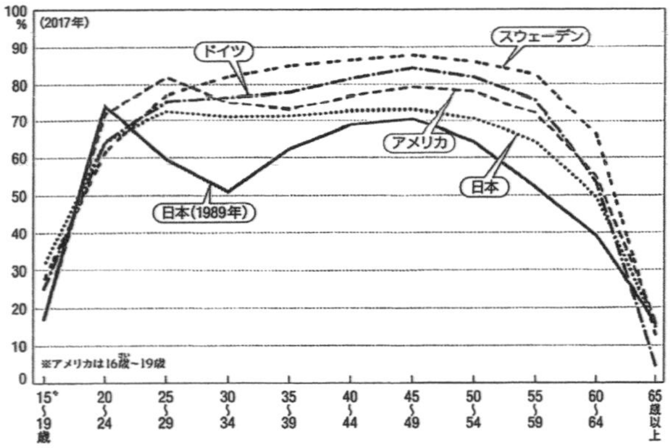

≪資料６／育児休業取得率≫

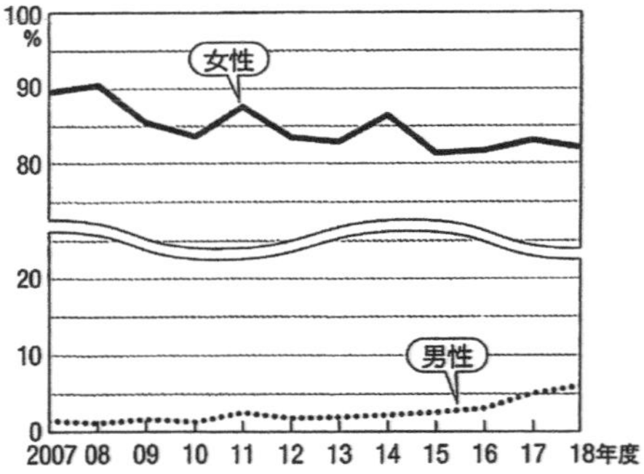

	（X）	（Y）	（Z）
ア	出産や育児	低い	プライマリー・バランス
イ	出産や育児	高い	ワーク・ライフ・バランス
ウ	出産や育児	低い	ワーク・ライフ・バランス
エ	出産や育児	高い	プライマリー・バランス
オ	病　気	低い	プライマリー・バランス
カ	病　気	高い	ワーク・ライフ・バランス
キ	病　気	低い	ワーク・ライフ・バランス
ク	病　気	高い	プライマリー・バランス

問9　文中の空欄（　9　）に入る語句を答えなさい。

問10　下線部⑩の「国会」について以下の問いに答えなさい。

［1］　国会の仕事として適当なものを，次の**ア**～**エ**から1つ選び記号で答えなさい。

ア　条約の締結　　**イ**　最高裁判所長官の任命
ウ　違憲審査権の行使　　**エ**　弾劾裁判所の設置

［2］　国民の代表を務めるという重要な役割を果たすために国会議員に保障されている権利（特権）として**適当でないもの**を，次の**ア**～**エ**から1つ選び記号で答えなさい。

ア　歳費を受ける権利　　**イ**　不逮捕特権
ウ　黙秘権　　**エ**　発言・表決の免責特権

問八

問九

三

問一
a
b

問二
①
②

問三
(1)
(2)

問四

問五
(1)
(2)

問六

問七

問八
（　　）をしてはいけない。

国語解答用紙

学　科

科

受験番号

番

氏　名

得　点

※100点満点
（配点非公表）

※100点満点
（配点非公表）

数学解答用紙

学科	科	氏名	
受験番号	番		

得点	

1

(1)

(2)

(3)

(4)

(5)

(6) $x=$

(7) $x=$ ，$y=$

(8) $y=$

(10)

【解答

※100点満点
（配点非公表）

英語解答用紙

学科	科	氏名	
受験番号	番		

得点	

1	(1)		(2)		(3)		(4)		(5)	
2	(1)		(2)		(3)		(4)		(5)	
3	(1)		(2)		(3)		(4)		(5)	

4	(1)		(2)		(3)	
	(4)		(5)			

5	(1)		(2)	
	(3)		(4)	
	(5)			

【解答

※100点満点
（配点非公表）

理科解答用紙	学科	科	氏名	
	受験番号	番		

得点	

1	(1)		(3)	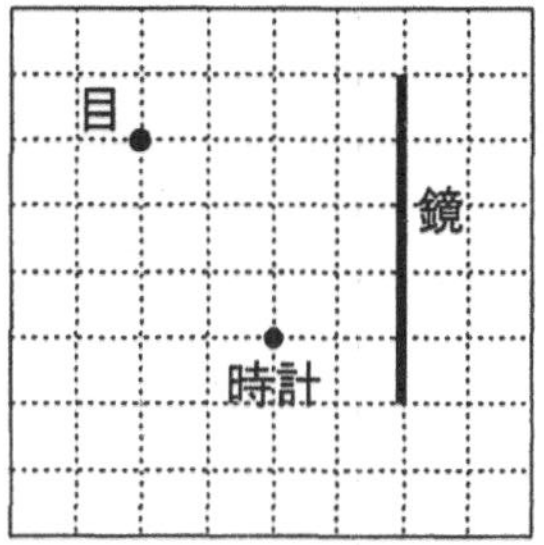
	(2)	時　　分		
	(4)			

2	(1)	②	④	(2)		(3)		(4)	ア→　→　→　→

（　　）

3	(1)		(2)		(3)		(4)	
	(5)		(6)		(7)	密度	プラスチックの種類	
						g/cm³		

（　　）

【解答

※100点満点
（配点非公表）

社会解答用紙

学科	科	氏名	
受験番号	番		

得点	

1

問1		問2		問3	燃料
問4		問5		問6 [1]	
[2]		問7		問8	
問9		問10		問11	

2

問1		問2		問3	
問4		問5		問6	
問7		問8		問9	

【解答

問13		問14			問15	

3	問1		問2					問3	
	問4		問5				社　会	問6	
	問7							問8	経済政策

4	問1	[1]		[2]			問2	[1]	
	問2	[2]		問3			問4	[1]	
	問4	[2]		[3]			問5		
	問6			問7			問8		
	問9			問10	[1]		[2]		

4	(1)	Pa	(2)	倍	(3)	

( )

5	(1)		(2)	km/s	(3)		(4)	
	(5)	km	(6)	①	②	③	④	

6	(1)		(2)		(3)		(4)		(5)	aとb	cとd

( )

( )

7	(1)		(2)	①	②	(3)		
	(4)		(5)		(6)	m	(7)	

( )

8	(1)		(2)		(3)		(4)	
	(5)							

( )

8	

9											
	問1	a		b		c		d		e	
	問2	①				③					
	問3										
	問4										
	問5	(1)		(2)		(3)		(4)			

10									
	問1	(1)		(2)		問2		問3	
	問4		問5						
	問6								
	問7	(1)		(2)		(3)			

2	(1) cm²	(2) cm³	(3) cm²
3	(1)	(2)	(3)
	(4) 歳		
4	(1) $y=$	(2) $y=$	(3) $y=$
	(4) $y=$	yの変域	(5) $x=$
5	(1) 通り	(2) 通り	(3) 通り
	(4) 通り	(5)	

6	[1]	(1)	(2)	(3)	(4)	(5)
	[2]					

一

問一 a b c d

問二 A B

問三

問四

問五

問六

問七

問八

二

問一 a b c d

問二

問三 Ⅰ Ⅱ

問四

問五 ～

問六

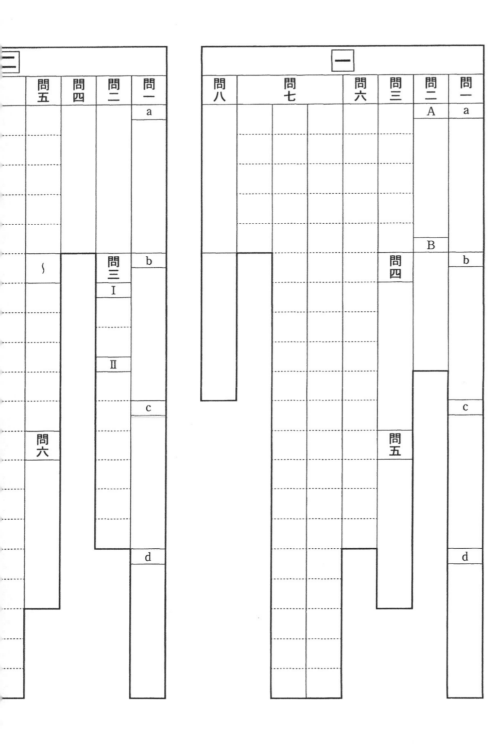

1　**下の地図や図をみて，下記の各問いに答えなさい。**

問１　**図１**の①～③の雨温図はそれぞれ**地図１**のⓐ～ⓒの各都市のものである。ワシントンDCの場所とその雨温図の組み合わせとして適当なものを次の**ア～ケ**から１つ選び記号で答えなさい。

図１

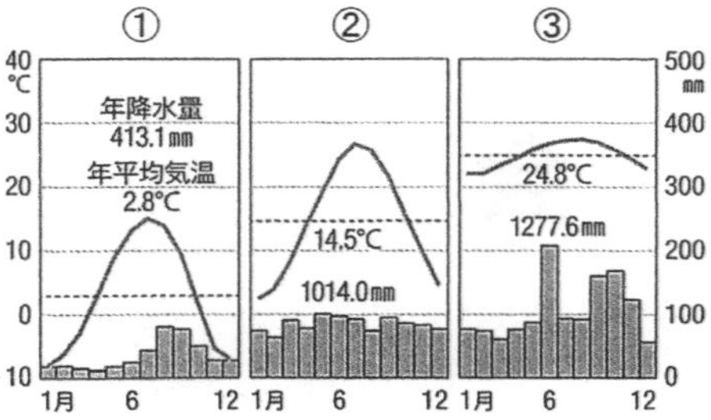

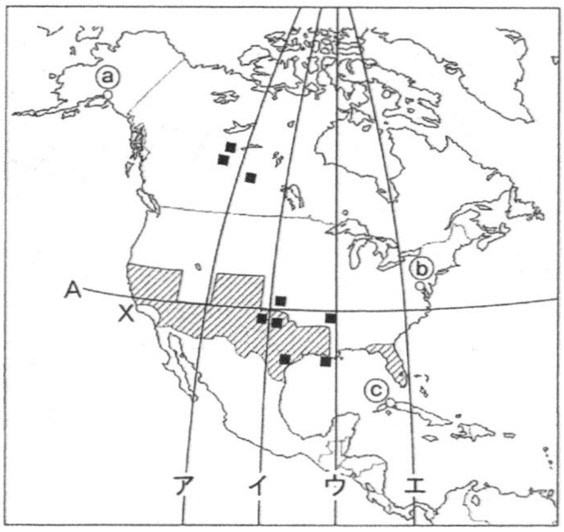

地図１

ア　ⓐ―①　　**イ**　ⓑ―①　　**ウ**　ⓒ―①
エ　ⓐ―②　　**オ**　ⓑ―②　　**カ**　ⓒ―②
キ　ⓐ―③　　**ク**　ⓑ―③　　**ケ**　ⓒ―③

問２　**グラフ１**は，**地図１**の北アメリカ地域で生産がさかんな農産物の生産量を表したものである。あてはまる農産物を次の**ア～エ**から１つ選び記号で答えなさい。

グラフ１

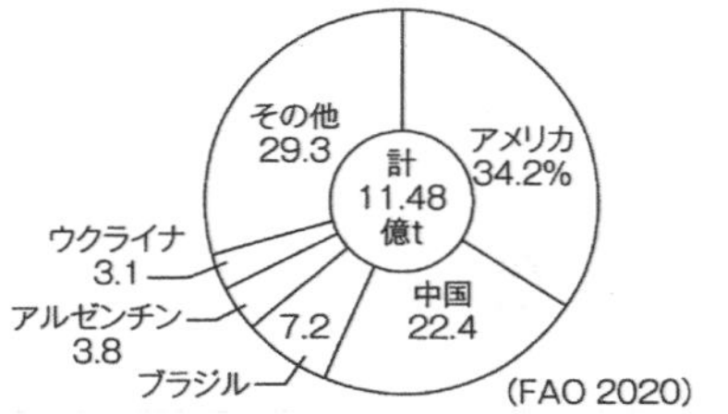

ア　大豆　　**イ**　米　　**ウ**　トウモロコシ　　**エ**　小麦

問３　**問２**の農産物は近年，従来の化石燃料に代わる新しいエネルギーの原料として注目されてきている。このエネルギーを**「～燃料」**という用語で答えなさい。

問４　北アメリカ州の農牧業は，西経100度線（ほぼ年降水量500mm）を境に西部の乾燥地域（＝牧畜業地域）と東部の湿潤地域（＝作物栽培地域）とに分けられる。この経線に該当するものを**地図１**の**ア～エ**から１つ選び記号で答えなさい。

問５　アメリカ合衆国では大規模な企業的農業が広く行われているが，この理由として**適当でないもの**を次の**ア～エ**から１つ選び記号で答えなさい。

ア　大型の農業機械が導入されている。　　**イ**　全就業者数に占める農業人口が多い。
ウ　耕地面積が広大である。　　**エ**　農業関連の大企業の活動が活発である。

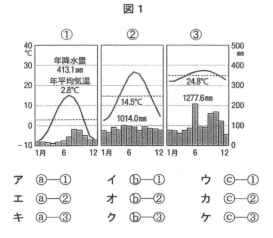

問6　下の**グラフ2**は**地図1**に■で示した地域で生産されるある地下資源の国別生産量割合を示したものである。このグラフについて下記の設問に答えなさい。

グラフ2

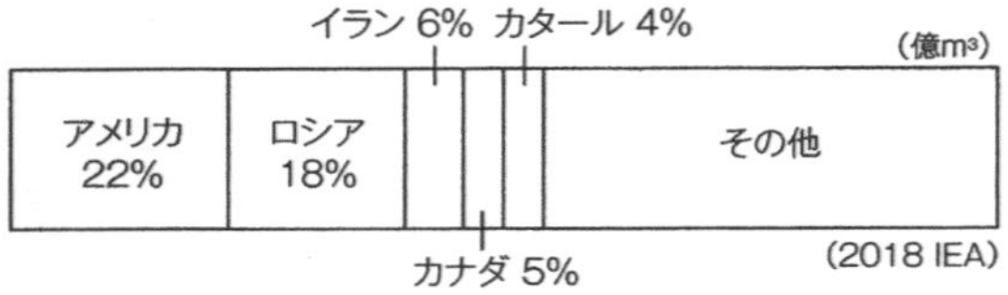

［1］　グラフが示している地下資源名を答えなさい。

［2］　この地下資源の一部は埋蔵状態が特殊で，これまで採掘が困難であったが，最近，技術の進歩によって採掘量が増加している。この地下資源の名称を**カタカナ6文字**で答えなさい。

問7　**地図1**の**X**でさかんな工業分野を，次の**ア**～**エ**から1つ選び記号で答えなさい。

ア　食品工業　　**イ**　航空機工業　　**ウ**　自動車工業　　**エ**　ICT関連工業

問8　**地図1**の**A**の緯線以南のアメリカ南部の地域は通称「サンベルト」とよばれ，近年新しい工業地域として注目されているが，この地域には高度な教育を受けた多くの外国人専門技術者が働いている。これらの労働者の主要な民族の組み合わせとして適当なものを次の**ア**～**エ**から1つ選び記号で答えなさい。

ア　日系（日本人）ーオーストラリア系　　**イ**　中国系ーインド系

ウ　韓国系ーイギリス系　　**エ**　メキシコ系ーカナダ系

問9　**地図1**の　　　にはどのような人種・民族が多く居住しているか。次の**ア**～**エ**から1つ選び記号で答えなさい。

ア　ヒスパニック　　**イ**　黒人　　**ウ**　ネイティブアメリカン　　**エ**　イヌイット

問10　わが国にとってアメリカ合衆国は重要な貿易相手国であり、下の**グラフ3**は日本の国別輸出入統計と品目別輸出入統計である。グラフ中の空欄**B**（国名）と空欄**C**（品目名）に当てはまる国名と貿易品目の組み合わせとして適当なものを次の**ア**～**エ**から1つ選び記号で答えなさい。

グラフ3

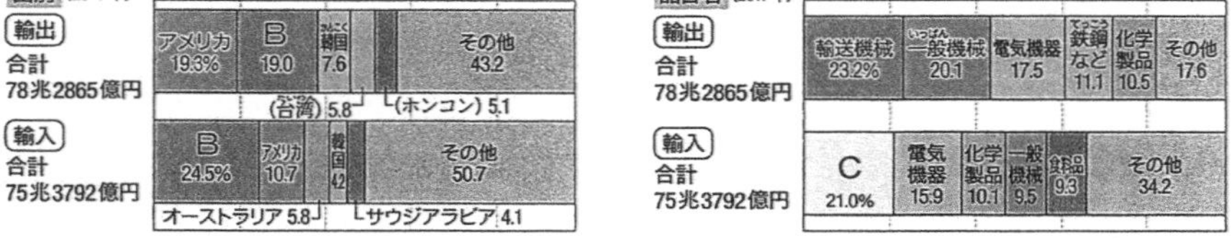

（貿易統計 2017）

ア　ロシアー鉄鉱石　　**イ**　中国ー石油・天然ガス・石炭など

ウ　ブラジルー精密機器　　**エ**　ベトナムー繊維製品

問11　日本を訪れる外国人は、今回の新型コロナウィルスの感染拡大の影響で現在は激減しているが、1990年代から一貫して増加してきた。右の**グラフ４**は訪日外国人の国籍別割合であるが、グラフ中の国**Ｄ**～**Ｆ**のうちアメリカ合衆国にあてはまるものを１つ選び記号で答えなさい。

グラフ４

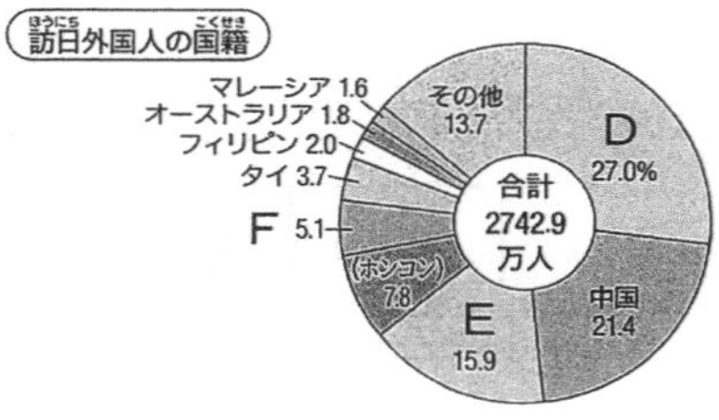

（日本国勢図会 2017）

2 次の会話Ⅰ～Ⅴは，「紙幣に描かれた人物一覧」を見ていた生徒たちの会話です。各問いに答えなさい。

【紙幣に描かれた人物一覧】

描かれた人物	登場年	紙幣額
神功皇后	1881年	政府紙幣
菅原道真	1888年	五円券
武内宿禰	1889年	一円券・五円券・二百円券
和気清麻呂	1890年	十円券
藤原鎌足	1891年	百円券・二十円券・二百円券
聖徳太子	1930年	百円券・千円券・五千円券・一万円券
日本武尊	1945年	千円券
二宮尊徳	1946年	一円券
板垣退助	1948年	五十銭政府紙幣・百円券
高橋是清	1951年	五十円券
岩倉具視	1951年	五百円券
伊藤博文	1963年	千円券
福沢諭吉	1984年	一万円券
新渡戸稲造	1984年	五千円券
夏目漱石	1984年	千円券
【　⑩　】	2000年	二千円券
樋口一葉	2004年	五千円券
野口英世	2004年	千円券
北里柴三郎	2024年	千円券（予定）
津田梅子	2024年	五千円券（予定）
渋沢栄一	2024年	一万円券（予定）

［会話Ⅰ］

太郎さん：最初に紙幣が発行されたのは，1881年なんだね。この神功皇后は，「じんぐうこうごう」って読むんだね。どんな人物なんだろう。

花子さん：①奈良時代につくられた歴史書に記録が残っている人らしいけど，日本史の辞書で調べたら「伝説色が濃く，実在性は疑われる」と書かれてあったんだ。

太郎さん：そうなんだ。なぞの多い女性なんだね。次の菅原道真は，歴史の授業で習ったね。

花子さん：ええ。（　　　　②　　　　）の人だよね。

問1　下線部①について，奈良時代に天皇・貴族の由来などをまとめてつくられた歴史書を**漢字4文字**で答えなさい。

問２　空欄（　②　）には，菅原道真が活躍した時代のできごとが入る。空欄に入る文章として適当なものを，次の**ア**～**エ**から１つ選び記号で答えなさい。

ア　北条氏が執権という地位について政治を行っていた時代

イ　日本が明と勘合を用いた貿易を行っていた時代

ウ　多色刷りの錦絵が流行し，喜多川歌麿や歌川広重が活躍した時代

エ　摂政・関白が天皇に代わって政治を動かしたり，政治に意見をさしはさんだりした時代

［会話Ⅱ］

花子さん：1891 年からは，藤原鎌足がお札に描かれたのね。この人は，もともと③中臣鎌足と呼ばれていた人だね。

太郎さん：④ 1891 年はすでに内閣制度も整って，帝国議会も開かれていたから，金融面でも政治面でもますます近代国家になったって感じがしただろうね。

花子さん：聖徳太子が描かれるようになった⑤ 1930 年代は，日本が戦争へと突入していった時期だね。

太郎さん：この時期の人々は，どのような気持ちで新しいお札を使っていたんだろうね。

問３　下線部③について，中臣鎌足は中大兄皇子と共に蘇我氏を倒した。その後，中大兄皇子は唐・新羅連合軍に滅ぼされた百済を復興させるため，朝鮮半島へ軍を派遣した。この戦いを何というか。

問４　下線部④の当時の様子を探るため，**資料Ⅰ・Ⅱ**を用意した。２つの資料について述べた文章として適当なものを次の**ア**～**エ**から１つ選び記号で答えなさい。

資料Ⅰ　1885 ～ 1892 年の内閣の閣僚出身藩（人数）

	薩摩	長州	土佐	肥前	幕臣	その他
総理大臣	2	2	0	0	0	0
外務大臣	0	3	0	1	0	0
内務大臣	1	3	0	0	0	0
大蔵大臣	4	0	0	0	0	0
陸軍大臣	4	0	0	0	0	0
海軍大臣	4	0	0	0	0	0
司法大臣	0	4	0	0	0	0
文部大臣	2	0	0	0	1	1
農商務大臣	0	0	2	0	1	1
逓信大臣	0	0	2	0	2	0
合計	17	12	4	1	4	2

資料Ⅱ　第１回帝国議会の衆議院議員 300 人の構成（『近代日本政治史必携』より）

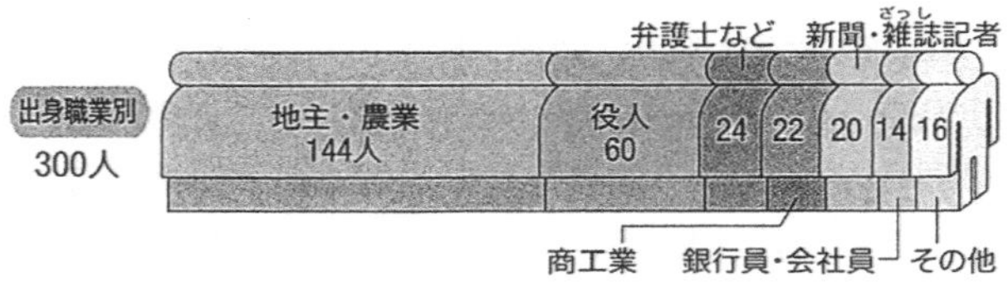

ア　**資料Ⅰ**から，藩閥政府であっても土佐藩と肥前藩出身の閣僚は他の２藩より少ないことがわかり，**資料Ⅱ**からは出版にかかわる職業の人は議員になっていないことがわかる。

イ　**資料Ⅰ**から，藩閥政府であったため４藩以外からは閣僚が選ばれていないことがわかり，**資料Ⅱ**からは役人出身者は全体の 20％を占めていることがわかる。

ウ　**資料Ⅰ**から，薩摩藩が大蔵大臣・陸軍大臣・海軍大臣・司法大臣を独占していたことがわかり，**資料Ⅱ**からは「商工業」出身者が 16 人いたことがわかる。

エ　**資料Ⅰ**から，閣僚は薩摩藩・長州藩出身者が過半数を占めていたことがわかり，**資料Ⅱ**からは「地主・農業」出身者が全体の約半数を占めていたことがわかる。

問５　下線部⑤について，次の 1930 年代の出来事として**適当でないもの**を，次の**ア**～**エ**から１つ選び記号で答えなさい。

ア　国家総動員法の成立　　　　**イ**　警察予備隊の創設
ウ　日中戦争がはじまる　　　　**エ**　二・二六事件がおこる

[会話Ⅲ]

太郎さん：そういえば，日本国憲法が公布された年にも新しい紙幣が発行されたんだね。
花子さん：本当だね。その新しい紙幣には（　⑥　）が選ばれたんだ。新しい憲法と新しい紙幣がそろうと，国民の気分も一新されそうだね。
太郎さん：気分も一新というなら，伊藤博文の紙幣が発行された時も，そうだったかもしれないよ。
花子さん：え？どうして？
太郎さん：だって，この時は（　⑦　）時期だったからね。
花子さん：あ，そうか。確かに，国民がわくわくしていた時期かもね。

問６　空欄（　⑥　）にあてはまる人物として適当なものを，「紙幣に描かれた人物一覧」を参考にして次の**ア**～**エ**から１つ選び記号で答えなさい。

ア　日本武尊　　**イ**　二宮尊徳　　**ウ**　板垣退助　　**エ**　高橋是清

問７　空欄（　⑦　）に入る文章として**適当でないもの**を，次の**ア**～**エ**から１つ選び記号で答えなさい。

ア　高度経済成長が続いており，「所得倍増」をスローガンにかかげていた
イ　電化製品や自動車が家庭に普及し，大規模団地が建設されていた
ウ　６歳以上の男女に小学校教育を受けさせることを定めた学制が発布された
エ　オリンピック東京大会に合わせて新幹線や高速道路など交通の整備が進んだ

［会話Ⅳ］

太郎さん：1984 年には，紙幣に描かれた人物が一度に３人も変わったんだね。
花子さん：⑧福沢諭吉が描かれた一万円札は，今でも使われているね。
太郎さん：夏目漱石は知っているけど，新渡戸稲造って何をした人だろう？
花子さん：ちょっと待って，今教科書で調べるから。あ，あった。「新渡戸稲造は，外国人に日本を理解してもらうために英語で『武士道』を書いた。（　⑨　）の事務局次長を務め，日本を代表する国際人でした」って書いてある。
太郎さん：おじいちゃんにこの人の紙幣を見せてもらったことがあったけど，そんなにすごい人だとは思わなかった。
花子さん：2000 年に登場した二千円券も，珍しかったでしょうね。
太郎さん：描かれたのは（　⑩　）だったんだ。（　⑩　）が生み出した『源氏物語』は世界でも有名だし，人間の心理をたくみに描いた作品と言われているね。

問８　下線部⑧の福沢諭吉は，1834 年生まれである。彼が生まれた 1830 年代は，全国的な不作が毎年のように続き，物価が高騰するとともに，大ききんにみまわれた。このような状況に対して，1837 年にはもと大阪町奉行所の役人で陽明学者でもあった人物が，窮民の救済を求めて大阪で蜂起した。この人物を答えなさい。

問９　空欄（　⑨　）には，第一次世界大戦後にアメリカのウィルソン大統領の提案により設立された世界の平和を守る国際機関が入る。この機関名を答えなさい。

問10　空欄（　⑩　）に入る人物を答えなさい。

［会話Ⅴ］

太郎さん：⑪今の千円札は野口英世だけど，2024 年には北里柴三郎にかわる予定なんだね。
花子さん：明治時代に医学の分野で大活躍した二人だね。
太郎さん：うん。この時代の医学の分野では宮崎県出身の（　⑫　）も活躍したね。
花子さん：2024 年には，津田梅子も紙幣に描かれる予定なんだ。⑬女性の教育に尽力した人で，今世界で取り組んでいる SDGs にもつながるような活躍をした人物だよね。
太郎さん：そうだね。2024 年に一万円札も⑭渋沢栄一にかわるから，今使われている紙幣を大事にとっておいて，僕も自分の孫に見せてあげたいな。
花子さん：歴史の流れを感じられるかもね。それにしても，改めて一覧表を見てみると⑮鎌倉時代や室町時代の人物はいないね。どうしてかしら？
太郎さん：現在の紙幣の肖像画は，明治時代以降に活躍した文化人から選ばれているからね。鎌倉時代や室町時代に活躍した人物はたくさんいるけど，紙幣の肖像画には選ばれないんだね。
花子さん：そうなんだ。私たちの子孫が使う紙幣は，誰が描かれるんだろうな。楽しみだな。

令和４年度

宮崎学園高等学校　入学試験問題

社　　会

（令和４年１月２６日　時間：45分）

（　注　　　意　）

1　「始め」の合図があるまで，このページ以外のところを見てはいけません。
2　問題用紙は，表紙を除いて15ページで，問題は４題です。
3　「始め」の合図があったら，まず解答用紙に受験学科名および受験番号，氏名を記入し，次に問題用紙のページ数を調べて，異常があれば申し出なさい。
4　答えは，必ず解答用紙の答えの欄に記入しなさい。
5　印刷がはっきりしなくて読めないときは，だまって手をあげなさい。問題内容や答案作成上の質問は認めません。
6　「やめ」の合図があったら，すぐに鉛筆をおき，解答用紙だけを裏返しにして，机の上におきなさい。

1 図1のような時計を用い，［実験1］～［実験3］を行った。この時計には，文字盤に数字が書かれていないが，図1の時刻をちょうど9時とする。次の問いに答えなさい。

図1
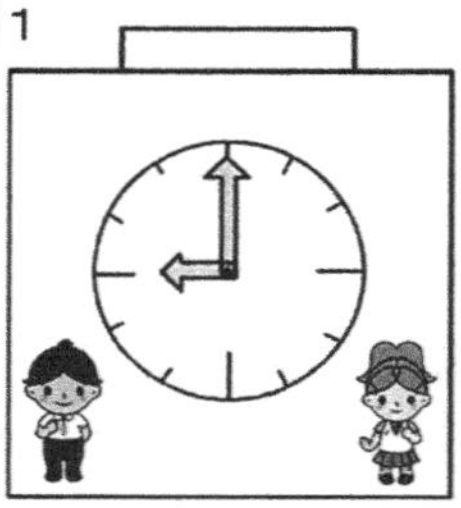

［実験1］
ある時刻に，垂直に立てた鏡の正面に時計を置き，時計の真後ろから鏡を見たところ，図2のような像が鏡に映った。

図2
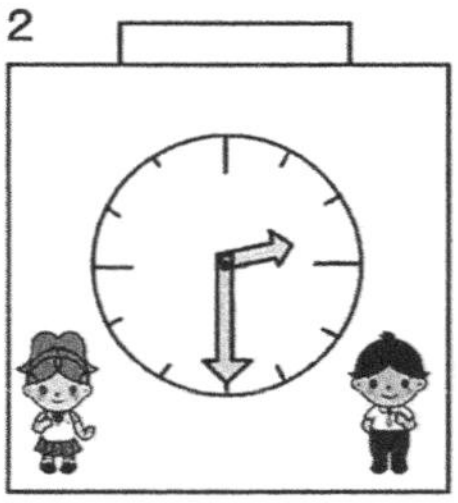

［実験2］
垂直に立てた鏡の正面に時計を置き，時計の斜め後ろから鏡を見たところ，時計の像が見えた。図3は，そのときの目と鏡と時計の位置を示している。

図3
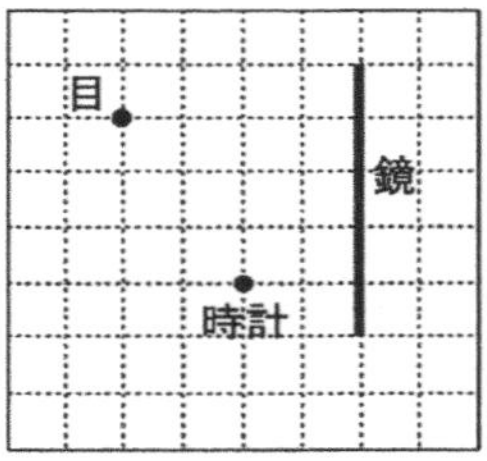

［実験3］
垂直に立てる鏡を2つ用意し，図4のように直角になるように置き，鏡全体を見たところ，時計の像が見えた。図4は，そのときの目と鏡と時計の位置を示している。

図4
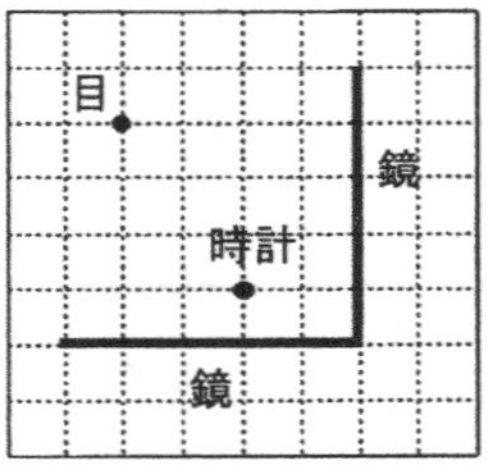

(1) 時計の像が見えるのは，時計から出た光が，鏡に当たってはね返り，目に届くためである。このような現象を何というか。

(2) ［実験1］で，実際の時計は，何時何分か答えなさい。

(3) ［実験2］で，時計から出て，鏡で反射してから目に入った光の道すじはどうなるか，解答用紙にかき入れなさい。

(4) ［実験3］で鏡に映って見える時計の像の数を答えなさい。

2　ソラマメの根の細胞について調べる実験を行った。次の問いに答えなさい。

［実験］

①　根の先端をカッターナイフで３～５㎜切りとり，えつき針で細かくくずす。
②　うすい塩酸を１滴落とし，３～５分間待つ。
③　ろ紙で，うすい塩酸をじゅうぶんに吸いとる。
④　酢酸オルセイン溶液を１滴落として５分間待つ。
⑤　カバーガラスをかけ，その上をろ紙でおおい，指でゆっくりと根を押しつぶす。
⑥　顕微鏡をセットし，観察する。

(1)　［実験］の②と④はそれぞれどのような役割をしているか，次の**ア**～**オ**から正しいものをそれぞれ１つ選び，記号で答えなさい。

ア　細胞壁どうしを結びつけている物質を溶かし，細胞を１つ１つ離れやすくする。
イ　核を赤紫色に染める。
ウ　細菌を除去する。
エ　細胞の重なりを少なくする。
オ　細胞を成長させ見やすくする。

(2)　顕微鏡で細胞の中のようすを観察すると，丸い形をした核のかわりに，ひものようなものが見えた。このひものようなものを何というか答えなさい。

(3)　**図１**は根の先端の模式図である。観察する場所によって細胞の数や大きさに違いがみられた。これに関して，次の**ア**～**エ**から適するものを１つ選び，記号で答えなさい。ただし，観察は同じ拡大倍率で行うものとする。

ア　根の先端**A**から**B**の方に遠くなるにしたがって，細胞は小さくて，数が多くなっている。
イ　根の先端**A**から**B**の方に遠くなるにしたがって，細胞は小さくて，数が少なくなっている。
ウ　根の先端**A**から**B**の方に遠くなるにしたがって，細胞は大きくて，数が少なくなっている。
エ　根の先端**A**から**B**の方に遠くなるにしたがって，細胞は大きくて，数が多くなっている。

図１

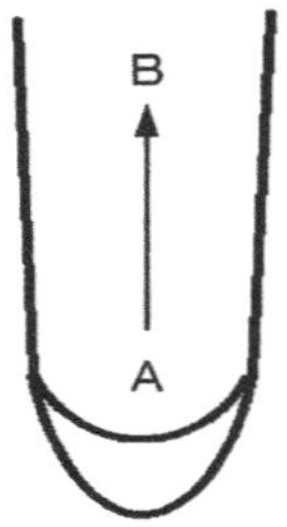

(4)　**図２**は細胞分裂をしている様子の模式図である。**図２**の**ア**～**オ**を細胞分裂の進み方として正しい順番に並べなさい。ただし，始まりを**ア**とする。

図２

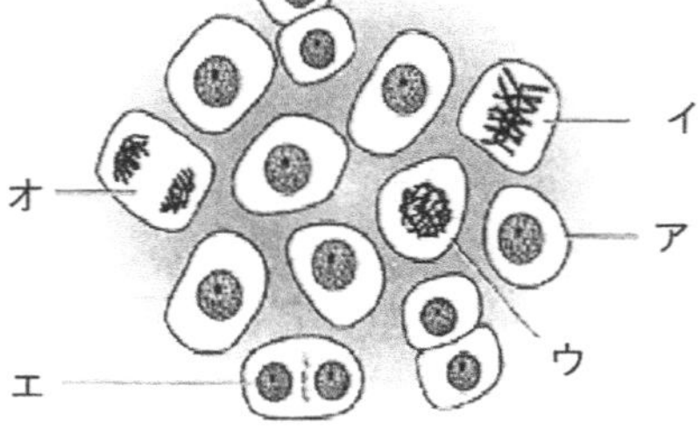

3 **ひなたさんとそらさんはプラスチックのリサイクルについて探究し，ペットボトル本体とラベル，キャップはそれぞれ異なるプラスチックでできており，リサイクルの際，密度の違い等を利用して分離していることを知った。そこで，プラスチックの性質について調べるため，［実験１］および［実験２］を行った。次の問いに答えなさい。**

［実験１］

ペットボトル本体，ラベル，キャップをそれぞれ切って小片にしたもの，同じくらいの大きさの銅の小片，マグネシウムの粉末，食塩の６種類を**図１**のように燃焼さじにのせ，それぞれをガスバーナーで加熱した。加熱後の燃焼さじをそれぞれ石灰水が入った集気びんに入れてしばらく内部を観察した後，燃焼さじを取り出し，集気びんにふたをしてよく振った。

図１

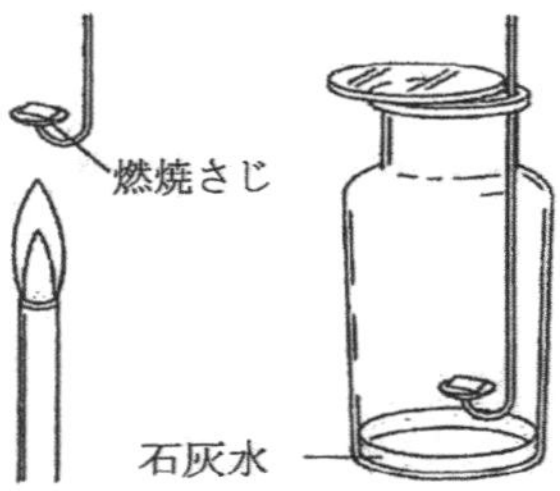

(1)　**［実験１］**で加熱後，火がつかなかったものはどれか。次の**ア**～**カ**からすべて選び，記号で答えなさい。

ア　ペットボトル本体　**イ**　ラベル　**ウ**　キャップ　**エ**　銅　**オ**　マグネシウム　**カ**　食塩

(2)　**［実験１］**で加熱後の燃焼さじを石灰水が入った集気びんに入れてしばらく内部を観察したところ，集気びんの内側がくもったものがあった。そのくもりに青色の塩化コバルト紙をつけると，赤色に変化した。この液体は何か，**化学式**で答えなさい。

(3)　**［実験１］**で石灰水の色が変化したものはどれか。次の**ア**～**カ**からすべて選び，記号で答えなさい。

ア　ペットボトル本体　**イ**　ラベル　**ウ**　キャップ　**エ**　銅　**オ**　マグネシウム　**カ**　食塩

(4)　**［実験１］**で石灰水の色が変化したことから，ある気体が生じたことが分かる。この気体を**化学式**で答えなさい。

(5)　**［実験１］**で(2)の液体および(4)の気体が生じるような物質を何というか，答えなさい。

［実験２］

表１の４種類のプラスチックの小片およびペットボトル本体，ラベル，キャップの小片をそれぞれピンセットで20℃の水の中に入れてから静かに離し，水に浮くかどうか，観察した。**表１**は，４種類のプラスチックの密度であり，**表２**は，**実験２**の結果をまとめたものである。

表１

プラスチックの名称	略称	密度 ［g/㎤］（20℃）
ポリエチレン	PE	0.92 〜 0.97
ポリスチレン	PS	1.05 〜 1.07
ポリエチレンテレフタラート	PET	1.34 〜 1.40
ポリプロピレン	PP	0.89 〜 0.91

表２

プラスチックの小片	ペットボトル本体	ラベル	キャップ
水の中に入れた時の様子	沈んだ	沈んだ	浮いた

(6)　［**実験２**］で**表１**の４種類のプラスチックのうち，水に浮くものをすべて選び，**表１**の略称で答えなさい。

(7)　プラスチックの小片のうち，１つの質量を測定したところ，3.70 g であった。100㎤ 用のメスシリンダーに水を 50.0 ㎤入れ，同じ小片を沈めたところ，**図２**のようになった。このプラスチックの密度はいくらか。小数第２位まで求めなさい。また，このプラスチックは何と考えられるか。下の**語群 ア〜エ**から選び，記号で答えなさい。

図２

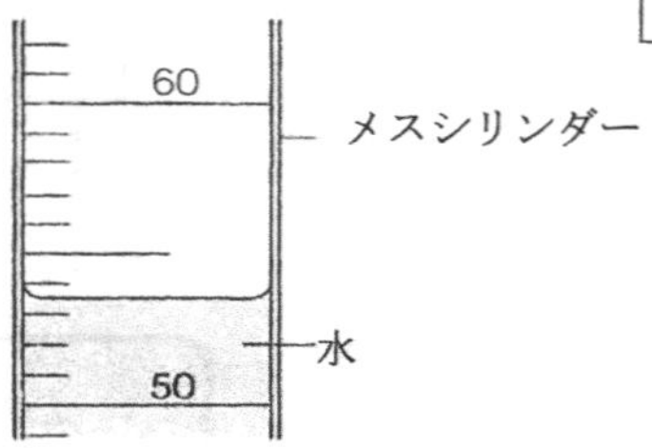

語群
ア PE　　**イ** PS　　**ウ** PET　　**エ** PP

(8)　［**実験２**］の水を 15%食塩水（密度 1.10 g/㎤）に変え，同じように調べたところ，ラベルの小片は浮いた。このプラスチックは何と考えられるか。上の**語群 ア〜エ**から選び，記号で答えなさい。

(9)　［**実験２**］の水を 40% 炭酸カリウム水溶液（密度 1.41g/㎤）に変え，ペットボトル本体の小片を同じように調べると，結果はどうなると予想されるか。「**浮く**」または「**沈む**」のどちらかで答えなさい。

4 図１のような辺の長さが 4cm，6cm，10cm で質量が 900g の直方体の物体がある。図１のように直方体の面をそれぞれＡ，Ｂ，Ｃとし，図２のように，物体をスポンジの上にのせたところスポンジはへこんだ。質量 100g の物体にはたらく重力を１Ｎとして，次の問いに答えなさい。

図１

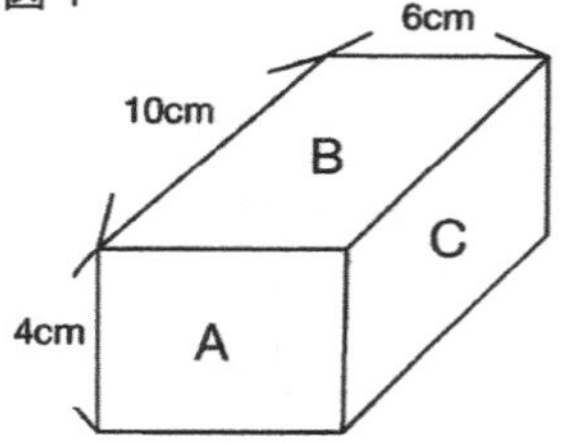

図２

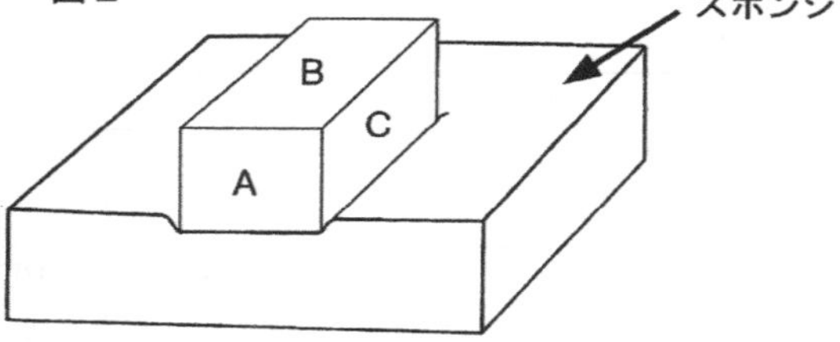

(1)　図２のようにＢの面を上にしてスポンジにのせたとき，この物体からスポンジにかかる圧力は何 Pa か，答えなさい。

(2)　Ａの面を上にしてスポンジにのせたとき，スポンジにかかる圧力は，(1)の何倍になるか，答えなさい。

(3)　図１と同じ物体をもう１つ用意し，２つを次の**ア**～**エ**のように重ねてスポンジの上にのせた。このとき，スポンジのへこみが最も大きいものはどれか**ア**～**エ**から１つ選び，記号で答えなさい。

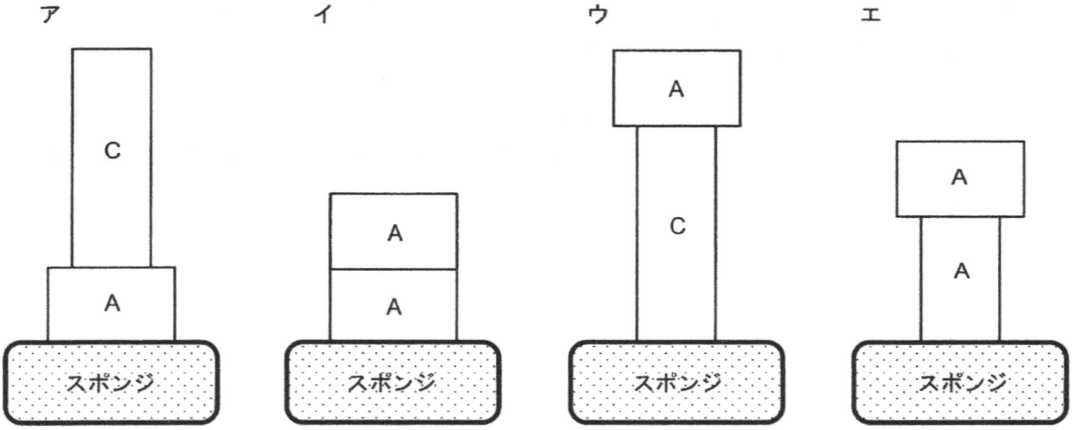

令和４年度

宮崎学園高等学校　入学試験問題

理　　科

（令和４年１月２６日　時間：45分）

（ 注　　意 ）

1 「始め」の合図があるまで，このページ以外のところを見てはいけません。
2 問題用紙は，表紙を除いて 10 ページで，問題は 8 題です。
3 「始め」の合図があったら，まず解答用紙に受験学科名および受験番号，氏名を記入し，次に問題用紙のページ数を調べて，異常があれば申し出なさい。
4 答えは，必ず解答用紙の答えの欄に記入しなさい。
5 印刷がはっきりしなくて読めないときは，だまって手をあげなさい。問題内容や答案作成上の質問は認めません。
6 「やめ」の合図があったら，すぐに鉛筆をおき，解答用紙だけを裏返しにして，机の上におきなさい。

9 ジュンさん，メイさん，ショウさんの三人は東京オリンピック２０２０の開会式について話をしています。次の会話を読んで，後の問いに答えなさい。

Jun: Hi, Mei, Sho. Did you watch *the Olympics opening ceremony?

Mei: Yes, of course. I watched it with my family. (a)

Sho: Me, too. I enjoyed ① (watch) all of it. Which part *impressed you most?

Jun: Every performance was wonderful, so it's difficult for me to choose one. But I was impressed by the Kabuki, it was so powerful! I hope foreigners will be interested in it.

Mei: ② I hope so, too! I enjoyed the entrance march. I was ③ (excite) to listen to the opening ceremony entrance music because they were the themes of the Japanese video games. My uncle loves Japanese games, (b)

Jun: I *noticed them!

Sho: I was really glad to watch all of the Japanese style performances.
Hikeshi and Japanese carpenters sang "Kiyariuta" . It was usually sung when they worked in groups *a long time ago. (c)

Mei: No, I haven't. What is Hikeshi?

Sho: Hikeshi is a kind of *firefighter. They began working in the Edo period to stop the *spread fire in Edo town.

Mei: Hmm, it has a long history but ④ (is / time / my / about / this / first / to / learn / Hikeshi).

Sho: There were big Olympic *rings which were made of wood. Did you see them?

Mei: Yes, I heard the trees were *planted in 1964.

Jun: In 1964? That was the year of the 1st Tokyo Olympics, right?

Sho: Yes, it's so amazing!

Jun: Sho, you haven't told us *what you liked. Please tell us which part impressed you most.

Sho: The pictogram performance was the most interesting to me.

Mei: What is a pictogram?

Sho: It's "Emoji" in Japanese. In the Olympics, pictograms show every sport by using two colors and easy pictures.

Mei: Ah, I saw two performers. They wore blue and white full body suits. And they tried showing Olympic pictograms with their bodies and some *tools. That was so funny!

Sho: Yes! After that I checked out other Olympic pictograms on the Internet.

Jun: (d)

Sho: Sure. It began at the 1964 Tokyo Olympics. At that time, Japanese people had a *worry. They thought they couldn't communicate in English because *fewer Japanese could speak English then. So Japanese artists tried to draw pictures of sports. Then, people could understand without using languages. Now they are used not only at the Olympics but also in a lot of other places. For example, we can see pictograms which show the emergency *exit in concert halls.

Mei: Really? I thought they were *invented overseas. I *am proud of Japan very much!

Jun: This year, (e) , right?

Mei: Yes. The Olympics are on now, so let's *cheer them on!!

Jun, Sho: Yes, great idea!

6 次の日本文の意味に合うように，（　　）にそれぞれ適切な１語を入れなさい。

(1) 彼は家族のために何をすべきですか。
What (　　) he do for his family?

(2) 私のことは心配しないでください。
(　　) worry about me.

(3) そのとき公園に子供は一人もいませんでした。
There weren't (　　) children in the park then.

7 次の日本文に合うように，（　　）内の語を並べ替えて３番目と５番目にくる語句を記号で答えなさい。ただし，文頭にくる語も小文字にしてあります。

(1) 暗い部屋の中でケンには何も見えませんでした。
(ア was　イ by　ウ nothing　エ seen　オ Ken) in the dark room.

(2) その日にアイルランド出身の人々の多くは何か緑色のものを身につけます。
(ア green　イ from　ウ many　エ wear　オ Ireland　カ people　キ something) on the day.

(3) 私は窓際に立っている女の子に話しかけました。
(ア standing　イ talked　ウ by　エ the girl　オ to　カ I　キ the window).

8 あなたは海外からの観光客向けに，英語で宮崎を紹介することになりました。あなたの好きな宮崎県内の場所を１つあげ，以下の条件に従って書きなさい。

※ 宮崎県外からの受験者は，自分の出身県内の好きな場所をあげて説明をしても構いません。

○ ３文以上の英文で書くこととします。
○ 各文はそれぞれ３語以上とします。
○ 符号（, . ? ! など）は、語数に含みません。

1 次の各組で，下線部の発音が他の３つと異なるものを１つ選んで，記号で答えなさい。

(1) ア says　イ wait　ウ said　エ get
(2) ア cup　イ sun　ウ touch　エ apple
(3) ア only　イ open　ウ woman　エ alone
(4) ア March　イ machine　ウ child　エ teach
(5) ア young　イ cloud　ウ mouth　エ house

2 次の各組で，最も強く発音する部分の位置が他の３つと異なるものを１つ選んで，記号で答えなさい。

(1) ア Sep-tem-ber　イ to-geth-er　ウ mu-se-um　エ sci-en-tist
(2) ア with-out　イ sur-prise　ウ a-gain　エ al-ways
(3) ア be-lieve　イ home-work　ウ oth-er　エ class-room
(4) ア dif-fer-ent　イ to-mor-row　ウ um-brel-la　エ im-por-tant
(5) ア com-put-er　イ va-ca-tion　ウ sud-den-ly　エ e-lev-en

3 次の各文の（　　）内の適切なものを選び，記号で答えなさい。

(1) My father has just（ア come　イ comes　ウ came）home.
(2) These chairs（ア don't　イ didn't　ウ weren't）used at the meeting.
(3) I will put the photo（ア in　イ on　ウ to）the wall.
(4) （ア Played　イ Playing　ウ Play）baseball was interesting for John.
(5) I think（ア when　イ that　ウ and）you are kind.

4 次の各文の（　　）内の語を適切な形に変えなさい。

(1) Are you looking for (she)?
(2) Jones has a son (call) Jim.
(3) This question is the (easy) of all.
(4) There are many (box) on the table.
(5) If it (rain) tomorrow, we won't go to a park.

5 次の各組の文がほぼ同じ意味になるように，（　　）に適切な１語を入れなさい。

(1) Mr.Sato is our math teacher.
Mr.Sato (　　) (　　) math.
(2) I lost the dictionary, so I don't have it now.
I (　　)(　　) the dictionary.
(3) When I heard the news, I became happy.
The news (　　) (　　) happy.
(4) Fred is fifteen years old. I am fifteen years old, too.
(　　) Fred (　　) I are fifteen years old.
(5) My friend knows my birthday.
My friend knows (　　) I was (　　).

令和４年度

宮崎学園高等学校　入学試験問題

英　　語

（令和４年１月２６日　時間：45分）

（　注　　　意　）

1　「始め」の合図があるまで，このページ以外のところを見てはいけません。
2　問題用紙は，表紙を除いて6ページで，問題は10題です。
3　「始め」の合図があったら，まず解答用紙に受験学科名および受験番号，氏名を記入し，次に問題用紙のページ数を調べて，異常があれば申し出なさい。
4　答えは，必ず解答用紙の答えの欄に記入しなさい。
5　印刷がはっきりしなくて読めないときは，だまって手をあげなさい。問題内容や答案作成上の質問は認めません。
6　「やめ」の合図があったら，すぐに鉛筆をおき，解答用紙だけを裏返しにして，机の上におきなさい。

4 右の図のような1辺の長さが 12 cm の正方形 ABCD があります。点 P は辺 AD 上を A から D まで毎秒 2 cm の速さで動き，D に着くと停止します。また，点 Q は正方形の周上を A から B，C を通って D まで毎秒 3 cm の速さで動き，D に着くと停止します。

2点 P，Q が同時に A を出発してから x 秒後の△APQ の面積を y cm^2 とするとき，次の問いに答えなさい。

(1) $x=3$ のとき，y の値を求めなさい。

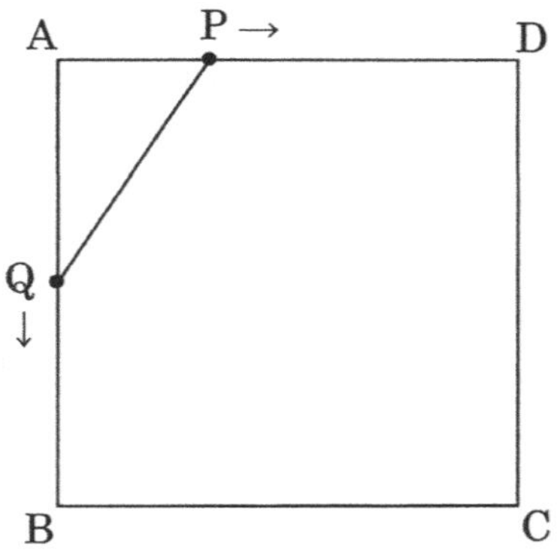

(2) $x=6$ のとき，y の値を求めなさい。

(3) $0 \leqq x \leqq 4$ のとき，y を x の式で表しなさい。

(4) $4 \leqq x \leqq 6$ のとき，y を x の式で表しなさい。
また，y の変域も求めなさい。

(5) $y=36$ のときの x の値をすべて求めなさい。

2 右図のように，AB＝10cm，BC＝6cm，CA＝8cm，∠ACB＝90° の直角三角形があります。
また直線ℓは，2辺 AB，BC の中点 D，E を通る直線です。
次の問いに答えなさい。ただし，円周率はπとします。

(1) 図１の直角三角形 ABC の面積を求めなさい。

図１

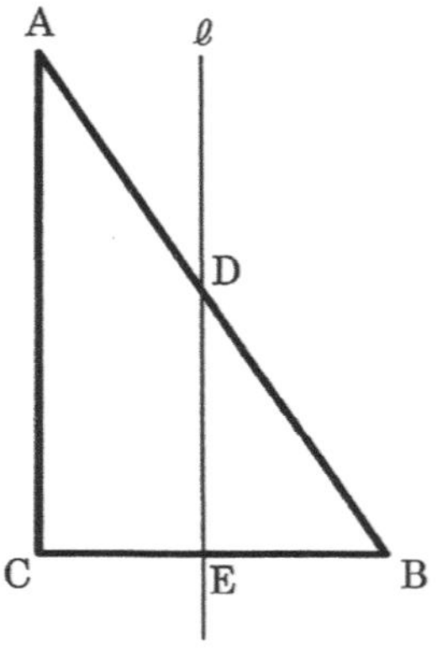

(2) 図１の四角形 ACED を，直線ℓを回転の軸として１回転させてできる立体の体積を求めなさい。

(3) 図１の四角形 ACED を，直線ℓを回転の軸として１回転させてできる立体の表面積を求めなさい。

3 次の【1】～【3】は，父母と兄弟の４人家族の年齢に関する文です。
【1】今年の弟の誕生日に，弟は兄と５つ違いの年齢になった。
【2】今年の弟の誕生日に，兄弟の年齢を足したら，母の年齢の半分になった。
【3】昨年の弟の誕生日に，兄弟の年齢をかけたら，母より７つ年上の父の年齢と同じだった。

今年の誕生日の弟の年齢をx歳として，次の問いに答えなさい。

(1) 今年の兄の年齢をxを用いて表しなさい。

(2) 今年の母の年齢をxを用いて表しなさい。

(3) 昨年の父の年齢をxを用いて表しなさい。

(4) 今年の弟の年齢を求めなさい。

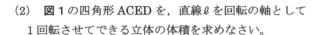

1 次の問いに答えなさい。

(1) $-8-(-3)$ を計算しなさい。

(2) $(12x-8)\div\left(-\frac{4}{3}\right)$ を計算しなさい。

(3) $\frac{15}{\sqrt{3}}+\sqrt{48}$ を計算しなさい。

(4) $a^2-5a-24$ を因数分解しなさい。

(5) $(2x+y)^2-9$ を因数分解しなさい。

(6) 2次方程式　$3x^2+5x+1=0$ を解きなさい。

(7) 連立方程式　$\begin{cases}4x-y=9\\2x-5y=9\end{cases}$ を解きなさい。

(8) y は x に反比例し，$x=4$ のとき，$y=-12$ である。y を x の式で表しなさい。

(9) 次の 10 個のデータの最頻値と中央値を求めなさい。
4，2，6，3，1，4，2，5，2，6

(10) 下の図において，点 A を点 O を中心として，90° 時計回りに回転移動させた点 B を定規とコンパスを用いて作図して求めなさい。ただし，作図に用いた線は消さずに残しなさい。また，分度器や三角定規の角度を使用してはいけません。

令和４年度

宮崎学園高等学校　入学試験問題

数　　学

（令和４年１月２６日　時間：45分）

（　注　　　意　）

１　「始め」の合図があるまで，このページ以外のところを見てはいけません。
２　問題用紙は，表紙を除いて６ページで，問題は６題です。
３　「始め」の合図があったら，まず解答用紙に受験学科名および受験番号，氏名を記入し，次に問題用紙のページ数を調べて，異常があれば申し出なさい。
４　答えは，必ず解答用紙の答えの欄に記入しなさい。
５　印刷がはっきりしなくて読めないときは，だまって手をあげなさい。問題内容や答案作成上の質問は認めません。
６　「やめ」の合図があったら，すぐに鉛筆をおき，解答用紙だけを裏返しにして，机の上におきなさい。

う人もいるかもしれません。おそらくそこは、手つかずの森の中ではなく、ハイキングコースやキャンプ場など、人間が森の中に作りだした環境です。⑤そういう場所には、雑草は生えることができます。それは、雑草がある強さを持っているからなのです。

　強くなければ生きていけない自然界で、弱い植物である雑草ははびこっています。これはなぜでしょう。強さというのは、何も競争に強いだけを指しません。英国の生態学者であるジョン・フィリップ・グライムという人は、植物がセイコウするためには三つの強さがあると言いました。一つは競争に強いということです。植物は、光を浴びて光合成をしなければ生きていくことができません。植物の競争は、まずは光の奪い合いです。成長が早くて、大きくなる植物は、光を独占することができます。（　B　）、その植物の陰になれば、十分に光を浴びることはできません。植物にとって、光の争奪に勝つことは、生きていく上でとても大切なことなのです。（　C　）、この競争に強い植物が、必ずしも勝ち抜くとは限りません。競争に強い植物が強さを発揮できない場所もたくさんあるのです。それは、水がなかったり、寒かったりという過酷な環境です。この環境にじっと耐えるというのが二つ目の強さです。（　D　）、サボテンは水がない砂漠でも枯れることはありません。高い雪山に生える高山植物は、じっと氷雪に耐え忍ぶことができます。厳しい環境に負けないでじっと我慢することも、「強さ」なのです。三つ目が変化を乗り越える力です。さまざまなピンチが訪れても、次々にそれを乗り越えていく、これが三つ目の強さです。じつは、雑草はこの三つ目の強さに優れていると言われています。雑草の生える場所を思い浮かべてみてください。草取りをされたり、草刈りをされたり、踏まれてみたり、土を耕されたり。雑草が生えている場所は、人間によってさまざまな環境の変化がもたらされます。そのピンチを次々に乗り越えていく、これが雑草の強さなのです。

この三つのいずれかに分類されるということではなく、むしろ、すべての植物が、この三つの強さを持っていて、そのバランスで自らの戦略を組み立てていると考えられています。植物にとって競争に勝つことだけが、強さのcショウチョウではありません。一口に「強さ」と言っても、本当にいろいろな強さがあるのです。

（中略）

　自然界には、競争や戦いには弱くても、⑥それ以外の強さを発揮して(注2)ニッチを獲得している生き物がたくさんいます。じつは、人間もその一つです。人間は、学名をホモ・サピエンスという生物です。人類の祖先は森を失って草原地帯に追い出されたサルの仲間だったと考えられています。肉食獣と戦える力を持っているわけではありません。シマウマのように速く走れるわけでもありません。弱い存在であった人類は、知能を発達させ、道具を作り、他の動物たちに対抗してきました。知能を発達させてきたことは、人間の強さの一つです。ですから、人間は考えることをやめてはいけないのです。しかし、それだけではありません。じつは、知能を発達させてきたのは、私たちホモ・サピエンスだけではありません。人類の進化を遡《さかのぼ》ると、ホモ・サピエンス以外の人類も出現していました。ホモ・サピエンスのライバルとなったのがホモ・ネアンデルターレンシスの学名を持つネアンデルタール人です。ネアンデルタール人は、ホモ・サピエンスよりも大きくて、がっしりとした体を持っていました。さらに、ホモ・サピエンスよりも優れた知能を発達させていたと考えられています。ホモ・サピエンスは、ネアンデルタール人と比べると体も小さく力も弱い存在でした。脳の容量もネアンデルタール人よりも小さく、知能でも劣っていたのです。しかし今、生き残っているのは、ホモ・サピエンスです。私たちホモ・サピエンスはどうして生き残ることができたのでしょうか。そして、どうしてネアンデルタール人は滅んでしまったのでしょうか。ホモ・サピエンスは弱い存在でした。力が弱かったホモ・サピエンスは、先にも述べたように「助け合う」という能力を発達させました。そして、足りない能力を互いに補い合いながら暮らしていったのです。そうしなければ、生きていけなかったのです。現代を生きる私たちも、人の役に立つと何だか満たされたような気持ちになります。知らない人に道を教えたり、電車やバスの席を譲ったりして、ありがとうと言われると、なんだかくすぐったいようなうれしい気持ちになります。それが、ホモ・サピエンスが獲得し、生き抜くために発揮した能力なのです。一方、優れた能力を持つネアンデルタール人は、集団生活をしなくても生きていくことができました。しかし、環境の変化が起こったとき、仲間と助け合うことのできなかったネアンデルタール人は、そのdコンナンを乗り越えることができなかったと考えられているのです。

（稲垣栄洋『はずれ者が進化をつくる』ちくまプリマー新書より）

注1　適者生存 … 生存競争において、環境に最も適したものだけが生き残り繁栄できるということ。

注2　ニッチ … ある生物が生態系の中で占める位置。生態的地位のこと。

問一　二重傍線部ａ～ｄのカタカナを漢字に直しなさい。

問二　空欄（Ａ）～（Ｄ）に当てはまる言葉の組み合わせとして最も適切なものを次の**ア**～**オ**から一つ選び、記号で答えなさい。

	（Ａ）	（Ｂ）	（Ｃ）	（Ｄ）
ア	そして	つまり	しかし	そして
イ	そして	つまり	そして	たとえば
ウ	そのため	もし	つまり	そして
エ	そのため	もし	しかし	たとえば
オ	そのため	たとえば	つまり	そして

問三　傍線部①「強い者が生き残るとは限らない」とあるが、それはなぜか。それについてまとめた次の文の空欄Ⅰ・Ⅱにあてはまる言葉をそれぞれⅠは二字、Ⅱは六字で抜き出して答えなさい。

強い生き物は、弱い生き物を［Ⅰ］にしており、弱い生き物が［Ⅱ］ば、生きていけないから。

問四　傍線部②「ばかり」と同じ意味で使われているものを、次の**ア**～**エ**から一つ選び、記号で答えなさい。

ア　さっき着いたばかりだ。

イ　あれから五年ばかりたつ。

ウ　見えるのは山ばかりだ。

エ　走りださんばかりに喜ぶ。

問五　傍線部③「この競争」とは何をさしているのか。一続きの二文で抜き出し、始めと終わりの五字を答えなさい。（ただし、句読点は字数に含む。）

問六　傍線部④「しのぎを削っている」の意味として最も適切なものを次の**ア**～**オ**から一つ選び、記号で答えなさい。

ア　協力し合う　**イ**　はげしく争う　**ウ**　命を削る

エ　成長する　**オ**　枯れてしまう

問七　傍線部⑤「そういう場所には、雑草は生えることができます」とあるが、それはなぜか。本文中の語句を用いて四十字以内で答えなさい。（ただし、句読点は字数に含む。）

問八　傍線部⑥「それ以外の強さ」とあるが、筆者の考える人間（ホモ・サピエンス）にとっての「強さ」とはなにか。三十字以内で説明しなさい。（ただし、句読点は字数に含む。）

問九　次に挙げるのは、本文を用いた国語の授業の後に、生徒たちが交わした会話である。**適切でない**ものを次の**ア**～**カ**から二つ選び、記号で答えなさい。

ア　生徒A―筆者は「雑草は強い」というイメージに対してそうではないと否定しているね。

イ　生徒B―そうだね。強そうに見える雑草も自然界の野生の植物たちには競争で勝つことができないんだ。

ウ　生徒C―だから筆者は競争に弱い雑草はあらゆる場所で勝ち抜くことができないと考えているんだね。

エ　生徒D―筆者は人間についてネアンデルタール人より体格や力において劣っていたと述べているよ。

オ　生徒E―でも人間のほうが優れた知能を持っていたから生き延びることができたんだね。

カ　生徒F―筆者は強い生き物が必ずしも繁栄するとは限らないところに面白さを感じているんだね。

三　次の文章を読んで、後の問いに答えなさい。

（設問の都合上、一部表記を改めた箇所がある。）

次の文章は、小野篁《おののたかむら》という人が、愛宕寺《おたぎでら》（現在の京都市にある寺）を建てたときに、その寺で使うための鐘《かね》を鋳師《いもじ》に造らせたときの話である。鋳師とは、鋳物《いもの》（溶《と》かした金属を鋳型《いがた》に流し込んで造る器物）を造る職人のことである。

鋳師がいはく、「この鐘をば、撞《つ》く人もなくて十二時に鳴らさむ（一日に十二回、二時間おきに鳴るように）とするなり（造るつもりです）。それを（それには）、かく鋳て後（こうして鋳た後に）、土に掘《ほ》り埋《うづ》みて、三年あらしむべきなり（三年間そのままにしておかなければなりません）。aけふより始めて三年に満てらむ日の、その明けむ日、掘り出《い》だすべきなり。それを、あるいは日を足らしめず（日が足らぬままに）、あるいは日を余《あま》して（一日でも遅く）掘り開《あ》けたらむには、しか（そのように）撞く人もなくて十二時に鳴ることは、あるべからず。Aしかる構《かま》へをしたるなり（そういう仕掛けをしてあるのです）」といひて、鋳師は返り去りにけり（帰って行った）。

さて（そこで）土に掘り埋みてけるに、その後、別当《べったう》（注1）にてありける法師、二年《ふたとせ》を過ぎて、三年《みとせ》といふに、いまだBその日にも至らざりけるに、え待ちえずして（待つことができないで）心もとなかりける（気になるあまり）ままに、bいふかひなく掘り開けてけり。

しかれば、撞く人もなくて十二時に鳴ることはなくて、ただある鐘（ただの普通の鐘）にてあるなりけり。「鋳師のいひけむやうに、その日掘り出だしたらば（掘り出したならば）、撞く人もなくて十二時に鳴りなまし（鳴っただろうに）。しか鳴りましかば（そんなふうに鳴ったら）、鐘の音《ね》の聞き及《およ》ばむ所には時をもたしかに知り（聞こえる所では時刻もはっきりわかり）、①めでたからまし。Cいみじく口惜しきこと（たいそう残念なこと）したる別当なり」となむ、その時の人言ひ②そしりける。

しかれば（だから）、Dさわがしく、物念じせざらむ人は、必ずかくつたなき（このように失敗す
るのだ）なり。心愚かにて不信なるがいたす所なり。世の人（世間の人々）これを聞きて、
ゆめゆめ（決して）不信ならむことをば止《とど》むべしとなむ、語り伝へたるとや（と、語り伝えているということだ）。

（『今昔物語集』より）

注1　別当　…　寺全体の寺務を統轄《とうかつ》する役の僧。

問一　二重傍線部ａ「けふ」・ｂ「いふかひなく」を現代仮名づかいに改め、ひらがなで書きなさい。

問二　傍線部①「めでたからまし」・②「そしりける」の本文中での意味として最も適切なものを次の**ア**～**エ**からそれぞれ一つずつ選び、記号で答えなさい。

①めでたからまし

ア　驚いただろう
イ　便利だっただろう
ウ　不思議だっただろう
エ　すばらしかっただろう

②そしりける

ア　あきれた
イ　非難した
ウ　悲しんだ
エ　腹を立てた

問三　波線部Ａ「しかる構へをしたるなり」について、次の問いに答えなさい。

（１）「しかる構へ」とあるが、鋳師は鐘を造る際に、鐘にどのような仕掛けをしたか。本文中から十三字で抜き出して答えなさい。

（２）その仕掛け通りになるためには、どのようにしなければならないと言ったか。最も適切なものを次の**ア**～**エ**から一つ選び、記号で答えなさい。

ア　鐘が完成するまでは、人目に触れないようにしなければならない。
イ　鐘を使うときまで、土に埋めたままにしておかなければならない。
ウ　鐘を鋳た後、土に埋め、指定された期日に掘り出さなければならない。
エ　鐘を鋳てしばらくの間は、誰も鐘に触れないようにしなければならない。

問四　波線部B「その日」とは、いつのことを指しているか。最も適切なものを次の**ア**～**エ**から一つ選び、記号で答えなさい。

ア　鐘を埋めてから二年たった日の翌日。
イ　鐘を埋めてから三年目になる日の前日。
ウ　鐘を埋めてから三年目にあたる日。
エ　鐘を埋めてから三年たった日の翌日。

問五　波線部C「いみじく口惜しきこと」について、次の問いに答えなさい。

（1）だれの行為について言っているのか。最も適切なものを次の**ア**～**エ**から一つ選び、記号で答えなさい。

ア　小野篁　**イ**　鋳師　**ウ**　別当　**エ**　当時の人々

（2）どうしたことについて言っているか。最も適切なものを次の**ア**～**エ**から一つ選び、記号で答えなさい。

ア　鐘を埋めた場所を誰にも教えなかったこと。
イ　指定した日を守らずその前に鐘を掘り出したこと。
ウ　鐘の音が響かないように土に埋めてしまったこと。
エ　鐘を掘り出す日がわからなくなってしまったこと。

問六　波線部D「さわがしく、物念じせざらむ人」とはどのような人か。最も適切なものを次の**ア**～**エ**から一つ選び、記号で答えなさい。

ア　せっかちで落ち着かず、我慢しない人。
イ　気が短く怒りっぽく、人を信じない人。
ウ　人の話を聞かず、自分勝手に行動する人。
エ　大騒ぎをして、冷静な判断ができない人。

問七　この話を二つの段落に分けた場合、前段はどこまでか。前段の最後の五字を抜き出しなさい。（ただし、句読点は字数に含まない。）

問八　この文章を通して、作者はどのようなことを教訓として伝えようとしたのか。次の説明文の空欄を補いなさい。

（　　　　　　　　）をしてはいけない。